DES TYPES ET DES MANIÈRES

DES

MAITRES GRAVEURS.

DES TYPES ET DES MANIÈRES

DES

MAITRES GRAVEURS

POUR SERVIR A L'HISTOIRE DE LA GRAVURE

En Italie, en Allemagne, dans les Pays-Bas et en France ;

PAR

JULES RENOUVIER.

XVIᵉ ET XVIIᵉ SIÈCLES.

Première partie

MONTPELLIER

BOEHM, IMPRIMEUR DE L'ACADÉMIE, PLACE CROIX-DE-FER

1855

SOMMAIRE.

---ooᶟ◉ᶟoo---

Écoles Italiennes.

Écoles Allemandes.

Écoles Flamandes.

Écoles Hollandaises.

Écoles Françaises.

Les trois premières Écoles paraissent actuellement, Juin 1855. Les Écoles Hollandaises et Françaises, qui terminent l'ouvrage, seront publiées un peu plus tard.

DES TYPES ET DES MANIÈRES DES GRAVEURS.

SEIZIÈME ET DIX-SEPTIÈME SIÈCLES.

ÉCOLES ITALIENNES.

I.

Barocci et les graveurs ascétistes.

1. Le déclin du XVIe siècle en Italie est occupé par des artistes qui poussent les principes de leurs devanciers à toutes sortes d'exagérations, et par d'autres artistes qui reviennent de ces excès et fondent des Écoles plus normales. Les uns ont abusé des plus précieuses qualités; les autres ont suppléé à l'inspiration par le travail. Il y a dans leur manie d'exagération, comme dans leurs penchants de réaction, des symptômes considérables de décadence; mais ils ont aussi leur mérite. Aucune époque n'est absolument déshéritée dans la succession du temps; au milieu des excès, quelque progrès se fera jour et les plus tristes réactions ont leur correctif. Rome, qu'il faut maintenant regarder la première,

présente, après le concile de Trente, la plus nombreuse et la plus active réunion d'artistes venus de toutes les parties de l'Italie et des autres pays d'Europe ; on doit tenir compte des conditions qui leur sont faites.

Les papes de ce temps, Grégoire XIII , Sixte-Quint, Clément VIII, n'ont plus pour les arts la passion des Médicis : ils ont des mœurs plus conformes à leur état, administrent durement, s'appliquent avec fanatisme à l'extension de leur pouvoir et à l'extirpation de l'hérésie [1]; ils ne prêtent appui aux arts que dans la mesure de leur zèle religieux , et ce zèle servi, ils ne demandent aux artistes que des compositions promptes et frappantes, adaptées au goût violent de la foule plus qu'au goût délicat des esprits cultivés. Cette réaction à la facilité des mœurs et des doctrines, en même temps qu'à la sévérité des goûts esthétiques de la période antérieure , a une grande influence sur les arts; l'art se mécanise alors que la discipline de l'Église se resserre. C'est du reste le moment de la plus grande prospérité de l'ordre des Jésuites. Tout le monde connaît la dévotion aisée, le culte dramatique et les pratiques recherchées de la Compagnie de Jésus, mais on n'a pas signalé l'influence qu'elle eut sur les arts du dessin ; sans sortir de mon sujet, je la surprendrai dans la manière de plus d'un maître.

Au début de l'époque que j'aborde, un artiste éminent et un groupe de graveurs se présentent avec une couleur religieuse toute particulière. Pour les distinguer des Écoles que nous verrons bientôt se développer à côté, je crois pouvoir les appeler les graveurs ascétistes.

2. FEDERICO FIORI IL BAROCCI ou BAROZI, d'Urbin, est un peintre d'une assez grande portée. D'abord disciple de B⁴ Franco, à Florence, il travailla ensuite à Rome avec des disciples de Raphaël, puis il s'attacha principalement aux ouvrages de Corrège dans une voie analogue à celle de Parmesan. Ses formes sont affectées, son expression sentimentale ; son coloris, quoique harmonieux, est prononcé en rouge dans les carna-

---

[1] Grégoire XIII fait revivre les prétentions de la papauté à une obéissance universelle et fait peindre sur les murs d'un vestibule de la chapelle Sixtine, le massacre de la Saint-Barthélemy.

tions ; il se fait remarquer enfin par l'illumination toute particulière de sa peinture. Lanzi, qui explique les tendances tantôt strapassées, tantôt novatrices de l'École romaine de ce temps, par cette raison commode que les ouvrages de peinture exécutés pour les papes avaient presque banni le sentiment du bon goût, mais disposaient les esprits à le rappeler, dit que Barocci paraissait le peintre le plus propre à régénérer l'École, s'il ne fût mort jeune empoisonné. Il a bien toutefois les défauts comme les qualités de son temps. Il ne peignit que des sujets pieux, ce qui ne l'empêcha pas de prendre ses modèles très-près de lui ; il faisait ses Vierges d'après sa sœur, et ses bambins d'après son neveu.

Ses gravures, bien qu'en petit nombre, le font assez connaître ; on n'en décrit guère que cinq, et sur l'une d'elles se trouve la date 1581. Elles sont savantes et correctes, et d'un travail mêlé d'eau-forte et de burin, où la pointe manque peut-être de facilité et le burin de délicatesse, mais produisent vivement l'effet désiré. Leur succès fut grand, car elles furent copiées souvent et même par de bons graveurs, comme Carrache, Villamena, Thomassin. L'Annonciation, où la Vierge paraît à genoux, la taille droite, avec une attitude fière qui n'exclut pas la candeur, où l'Ange plie le genou et se prosterne avec un regard pénétrant, est d'une manière nouvelle de dessin et de gravure, par la recherche de l'expression, le pointillé velouté des chairs, la largeur des draperies, la coloration de l'ensemble. Jésus-Christ, entre la Vierge et saint Augustin, apparaissant à saint François, sans être d'une exécution aussi soignée, a aussi un caractère large et flou, un mode de hâchures grasses et pointillées que nous verrons dans la suite adoptées par des graveurs de divers pays. La Vierge et l'enfant Jésus, Saint François recevant les stigmates, ne sont que des esquisses à l'eau-forte, mais se font toujours remarquer par l'émotion des têtes, le charme de la lumière.

On peut suivre encore la manière de Barocci dans les graveurs qui ont travaillé sur ses tableaux ; ils sont nombreux et de plusieurs Écoles : Cort, Villamena, Schiaminossi, Thomassin, Gilles Sadeler, Augustin Carrache et d'autres. A chacun le Maître donne quelque chose de sa force de coloration et de son charme d'expression ; mais il n'y a pas un seul de ces graveurs qui ne l'ait altéré par sa propre manière, que nous trouverons en son lieu. Ici je me restreindrai à signaler sa trace plus immédiate dans les Maîtres qui, à Rome, paraissent suivre le même courant que lui ; ils venaient de Sienne.

3. VENTURA SALIMBENI BEVILACQUA, de Sienne, avait étudié le Corrège comme Barocci ; il se rendit à Rome sous Sixte-Quint et fit concevoir de son génie de hautes espérances qu'il ne justifia pas, dit Lanzi, parce qu'il s'occupa trop de ses plaisirs. Il n'en fut pas moins un artiste habile à rendre les passions dévotes du temps, au point de simuler dans quelques-unes de leurs habitudes les peintres gothiques. On lui doit les peintures de la chapelle de Jésus. Il a gravé adroitement à la pointe et au burin, des figures d'un type béat, recherchées dans leurs lignes et leurs ajustements, avec une expression passionnée, sous des traits qui n'ont pas d'ailleurs une beauté régulière : *La Destination de la Vierge : tota pulchra es amica mea*, 1590 ; *Sainte Agnès*. Le travail en est à la fois libre, fin et fort, et quelquefois d'une habileté qui défie les plus adroits Flamands. *La Vierge conçue dans une vision d'Anne et de Joachim* a toute la distinction et la finesse d'expression de Barocci ; *Le Baptême du Christ* a une fierté de facture et de geste qui se rapproche de Carrache ; *Sainte Catherine de Sienne*, prête à sucer la plaie du côté de Jésus-Christ, 1588, rappelle davantage le burin de Villamena. Bartsch a du reste bien apprécié son travail de pointe conduite en lignes droites, ménageant les demi-teintes, et renforcée de burin dans les ombres, mais il n'en a pas assez remarqué la variété.

4. FRANCESCO VANNI, après avoir travaillé à Sienne, à Parme, à Bologne, gagna aussi Rome, où il suivit la manière de Barocci et s'adonna comme lui exclusivement aux sujets pieux et même mystiques. Ses estampes, on n'en connaît bien que trois, ressemblent à celles de Salimbeni, dit Bartsch, avec la différence que le dessin y est moins maniéré et la pointe un peu plus large et plus libre. Ce sont : *La Vierge adorant l'enfant Jésus*, 1590 ; *Sainte Catherine de Sienne recevant les stigmates* ; *Saint François en extase : desine dulciloquas ales contingere chordas*..... Une réputation de sentiment et de finesse leur est faite.

5. Je rattacherai au même groupe un artiste presque inconnu qui n'est cité que par Zani comme dessinateur et graveur, travaillant en 1592 : c'est LODOVICO FILIOLI, dont je connais deux pièces méritant quelque attention. *La Madeleine en extase devant le crucifix;* elle est vue en buste devant un tertre, tenant un livre de la main droite et ramenant de la gauche sur son sein son manteau et ses cheveux épars. A gauche, sous la boîte à parfums, on lit : *L. Filioli, fe.*, 1600, au rebours ; au milieu est un écusson épiscopal. Un dessin coulant, un travail de burin à la fois régulier et pittoresque, l'expression de la tête surtout s'extasiant au milieu d'un nimbe, la rapprochent de l'École de Sienne. *Un Enfant faisant des bulles de savon;* il est nu, drapé d'un linge flottant au vent et assis sur un crâne juché sur un tumulus dans l'intérieur duquel on aperçoit des ossements mêlés de mitres et de couronnes. La pièce est marquée : *Lud. Filli. fe. Laurentii vacarii formis,* et porte l'inscription : QUIS EVADET. *Vita hominis est ut bullula flos fumus aut umbra.* Le burin en est régulier comme dans la pièce précédente, mais d'une pratique hardie, et le dessin très-expressif. On connaît de la même composition une estampe de l'invention de Goltzius et une estampe anonyme attribuée à Augustin Carrache, sur lesquelles Mariette a écrit deux notes difficiles à concilier. La confrontation des trois pièces éclaircirait le point pour celui qui pourrait la faire et apprendrait si l'estampe de Filioli est originale. On peut toujours noter ici un point de contact entre les graveurs italiens et le graveur le plus singulier de l'École hollandaise du même temps.

6. L'École des ascétistes fut plus puissamment servie par un peintre d'origine espagnole, VESPASIANO STRADA, travaillant à Rome en 1595. Il a gravé vingt et une pièces, toutes à sujet religieux, d'une pointe vive et pittoresque qui se rapproche de la manière de Salimbeni. Ses types sont plus vulgaires et pris de plus près dans la nature, mais il ne leur donne pas moins une expression recherchée et une hardiesse de sentiment qui est bien dans la donnée jésuite ; le sentimentalisme n'y exclut pas, comme on sait, une vive préoccupation de la matière. Dans *L'Annonciation,* l'ange exécute avec componction un jeté battu très-élégant; dans *La Vision de sainte Catherine,* la mystique fiancée tend le doigt

au bambin qui étale sa nudité sur le giron de sa mère. *L'Ecce homo* et *L'Ensevelissement*, nous donnent des figures étudiées d'après nature et d'une expression très-intense. Le Christ y est d'un modèle vieux et petit; mais la Vierge, dans ses nombreuses Saintes familles, a toujours une finesse et même une mollesse d'expression, et d'attitude remarquables. L'eau-forte prend d'ailleurs, sous la main de Strada, les qualités propres à faire ressortir son idée, et ne reste pas étrangère au mouvement de liberté et de force reproduit par Carrache, des tons francs ou pointillés toujours vivement éclairés. Les plus beaux états de ses estampes portent l'adresse de Nicolas Van Aelst, qui était lui-même graveur médiocre de l'École romaine, mais marchand considérable, venu de Bruxelles pour fonder un établissement, héritier pour sa part de la vogue de Salamanca et de Lafreri.

7. RAFFAELLO SCHIAMINOSSI, de Borgo San-Sepolcro, peintre de l'École romaine dégénérée, dont Lanzi loue encore le naturel et la grâce, publia de 1595 à 1620 un grand nombre d'estampes. Bartsch les a décrites au nombre de cent trente-sept, en donnant l'analyse des procédés de son burin. Ce maître a du brut, mais il est pesant; ses ombres sont chargées, ses poses dramatiques et ses expressions raffinées; il se rattache par là à l'École de Barocci, dont il a souvent gravé les compositions, et dont il a copié *La Vierge dans le ciel;* mais il ne s'y tint pas, et, à la suite de plusieurs peintres génois, Bernardo Castelli, Luca Cambiaso, il exprima un côté particulièrement exagéré de la manière romaine. *La Vierge au milieu d'anges* tenant les symboles de son immaculée conception, et *La Madeleine ravie au ciel*, sont des modèles de la bouffissure de dessin et de l'intensité de touche qu'il apporta à l'expression béate. Dans d'autres pièces, comme *La Tentation du Christ*, il fut plus pittoresque, et sa pointe, quand elle n'est pas trop lourdement appuyée, rappelle les heureux effets de Salimbeni. Ses types, ordinairement épais de forme et recherchés d'expression, sont pris dans la nature, bien qu'il ne l'ait étudiée que sous le vêtement trop drapé dont l'affublaient les Romains du temps de Paul V. Il a gravé presque exclusivement des sujets religieux.

8. GIANBATTISTA MERCATI, venu à Rome du même pays que Schieminossi , grava dans le même goût que lui ; dessinateur plus sage peut-être, eau-fortiste moins appuyé, il laissa un œuvre plus varié dans un plus petit nombre de pièces ; Bartsch en décrit soixante-quatre , sans croire les connaître toutes. Le Mariage de sainte Catherine rend la composition de Corrège avec plus d'afféterie et de brillant, que n'en mirent jamais les Carrache en imitant leur peintre affectionné. Je regrette de ne pouvoir citer ici, autrement que d'après Bartsch , les ouvrages mythologiques et allégoriques de Mercati : Vénus couchée, La Fortune, Le Contentement amoureux représenté par un Espagnol se regardant dans un miroir, pour dire ce que le graveur put ajouter d'originalité et de variété à la manière qu'il suivit.

C'est encore à un peintre de Borgo, cité par Lanzi parmi les artistes d'un goût facile qui s'établirent à Rome sous Grégoire XIII, que nous devons une estampe, la seule qu'il ait faite, du plus vif intérêt pour la notion d'un atelier avec ses acolytes et ses modèles : c'est L'Academia d Pitori, par PIER FRANCESCO ALBERTI, publiée à Rome chez Pierre Stefanoni. Outre le mérite d'une composition ingénieuse, d'un dessin correct et d'une pointe vive et spirituelle, on doit remarquer l'ingénuité des figures occupées aux divers arts académiques, en même temps que la tournure affectée des modèles. Ces signes décèlent bien l'École : on l'aurait déjà reconnue au tableau du Calvaire suspendu au mur, et à la tête du vieux professeur assis à gauche sur un bahut et corrigeant la feuille d'un apprenti ; elle paraît reproduire les traits de Barocci.

9. Plusieurs des artistes que je range à l'École de Barocci et de Salimbeni, avaient pourtant subi à un certain degré l'influence d'un peintre qui bouleversait de leur temps les ateliers de Rome. Ils avaient appris de Caravage, dont je raconterai plus tard l'intervention comme graveur, le goût des oppositions tranchées d'ombre et de lumière, et l'amour des modèles vulgaires. Cette influence est surtout marquée dans BERNARDINO CAPITELLI, peintre et graveur, élève de Rutilio Manetti, qui porta à Sienne la manière de Caravage. Je ne le séparerai pas des précédents parce qu'il eut les mêmes tendances , et, dans son travail de burin et de

2

pointe en traits rectangulaires, les mêmes effets pittoresques. Les portraits qu'il a faits de Salimbeni et de Vanni, sont l'image la plus vive qu'on puisse avoir de ces Maîtres originaux dans un accoutrement qui manque certainement de propreté, mais qui fut celui qu'ils aimèrent le mieux. Les cinquante pièces que l'on connaît de lui, qui portent des dates de 1622 à 1637, et qui comprennent des sujets religieux et mythologiques, des bas-reliefs antiques et des représentations de fêtes à Sienne et à Rome, sous le pontificat d'Urbain VIII, ne l'élèvent pas bien haut. Mariette dit, dans son langage pittoresque sinon châtié, qu'il n'avait point de touches et qu'il connaissait encore moins la partie de l'intelligence. Je trouve pourtant à citer ici *La Sainte famille* à table, où le jeu croisé des lumières de trois nimbes et d'une chandelle produit, sur des figures d'un type naturel et d'une expression dévote, des effets pleins de singularité. On ne saurait donner des traits plus pénétrants à l'expression extatique. Il fournit beaucoup de sujets semblables aux graveurs de la même École que lui.

II.

Les graveurs machinistes et strapassons.

1. L'École que nous venons de reconnaître, malgré sa distinction, ne tenait pas le haut bout à Rome; elle était primée, elle avait même été précédée par un groupe plus nombreux de graveurs d'une pratique plus déterminée, qui suivaient la direction des peintres traitant leur art avec plus de solennité. Les plus célèbres et les plus féconds parmi ces peintres étaient les deux Zuccharo, Taddeo et Federico, qui, avec les éléments d'un talent considérable, une rapidité d'exécution merveilleuse et une poursuite constante de la douceur et de l'agrément, tombaient dans le machinisme et l'insipidité; ils s'égaraient loin de la nature dans des subtilités singulières. Federico disserte, dans un écrit théorique de son art [1], des idées intellectuelles et formatives, des substances sub-

---

[1] *Idea de Scultori, Pittori ed Architetti.* Torino, 1607.

stantielles et des formes formelles, il invoque la philosophie comme un dessin métaphorique et allégorique. C'était là le chef que s'était donné l'Académie de Saint-Luc, instituée en 1595 pendant le pontificat de Grégoire XIII. Juseppe Cesari il cavaliere d'Arpino ne s'attira pas moins d'applaudissements avec ses fresques à fracas, son dessin facile, son coloris clair; il maintenait une École puissante, rivale des Carrache. La foule des peintres suivaient les larges et faciles voies ouvertes par les Zucchari; à leur suite, des graveurs, plus de métier que de fantaisie, livrèrent à un public, dès-lors plus avide que délicat, les productions récentes ou des morceaux de Maîtres précédents exécutés dans une manière appropriée au goût récent.

GIOAN BATTISTA CAVALLERIIS, de Lagherino, province de Brescia, mais ayant vécu presque toujours à Rome, est un artiste plus fécond que choisi. On a voulu fort improprement le comparer à Vico [1]; l'appréciation de Mariette, qui le rapprochait de Beatrizet, est plus juste. Il exécuta plus de trois cents pièces, depuis 1561 jusqu'en 1586, dans des directions diverses, suivant plusieurs Maîtres, plutôt pour le commerce que pour l'art, et souvent ne faisant que copier. Il travailla, d'après Raphaël et Michel-Ange, qu'il rapetisse et qu'il trivialise; d'après Salviati, Zuccharo, avec lesquels son burin, plus à l'aise, montre mieux ses qualités faciles, et rend plus supportables ses incorrections et ses négligences. Il eut du reste un burin varié, brut et expressif dans *La Cène* copiée de Marc-Antoine, froid et compassé dans les pièces copiées ou imitées de Cort, fin et poli comme celui d'un Hollandais dans *L'Ecce homo*, que Zani croit gravé sur un dessin de Pierino del Vaga; il fit enfin une multitude de pièces d'imagerie religieuse, de madones à miracles, de commémorations de Jubilé, qui ne sont pas d'ordinaire aussi bien traitées. Il n'y a pas là grand mérite d'invention, mais les clercs ses mécènes n'en demandaient pas davantage. Dans une pièce curieuse intitulée *Anima spiritualis*, il a représenté l'âme bienheureuse sous la forme d'une jeune

---

[1] Avea una maniera facile ma alquanto trascurata, per il che rimasse decisamente inferiore ad Enea Vico il cui stile sembra che egli avesse preso ad imitare. *Catalogo Malaspina*, II. 180.

femme assise, dormant, un agneau entre les bras, pendant que deux anges la couronnent et qu'un diable se morfond à côté.

2. Mario Kartaro, dont on ne connaît pas le pays et à qui Bartsch donne une origine allemande sur l'initiale de son nom, a travaillé à Rome, de 1560 à 1586, comme dessinateur, graveur et marchand d'estampes. Dans son œuvre, de cinquante pièces environ, on trouve quelques pièces à l'eau-forte, telles qu'un *Saint François* que j'ai vu au Cabinet de Berlin, qui le montrent sous son côté le plus favorable, et des ouvrages de burin d'après Michel-Ange ou d'après les Maîtres de son temps, dont il met en saillie les défauts, les poses théâtrales, les raccourcis affectés, avec une assez grande facilité d'exécution. *Le Jugement dernier*, d'après Michel-Ange, est trouvé par Bartsch, supérieur à celui de Bonasone; *Sainte Catherine*, d'après Salviati, montre de la fierté et même des tours de force de dessin.

Kartaro se distingue aussi comme copiste, par la variété et l'archaïsme des modèles qu'il reproduisit. Il donne par là un indice curieux des goûts d'éclectisme et de rétrogradation, en un certain sens, qui régnaient à Rome de son temps. On remarque sous son chiffre des copies habiles du Maître aux PP liés, d'Albert Durer et de Delaune. Dans quelques pièces de pacotille qu'il fit circuler, il est d'une lourdeur et d'une maladresse impardonnables. Pour ne rien oublier de son œuvre original, on peut citer deux portraits de Pie V, très-caractérisés.

3. Cherubino Alberti était de Borgo et montra les liens qui l'attachaient à l'École de Florence, en gravant souvent d'après Michel-Ange et Andrea del Sarto; mais il travailla plus constamment à Rome, de 1568 à 1591 et fut l'interprète plus intime de Polidoro Caldara et de Zuccharo. Avec les premiers, il se montre graveur petit et pauvre; avec les autres, il a du moins sa force, de la vulgarité, de l'exagération, un burin d'une pratique facile. Je passerai sur ses pièces nombreuses où il n'a été que traducteur, pour m'arrêter là où il a pu mettre quelque invention et montrer son penchant. *Le Corps du Christ soutenu par un Ange, Sainte Marie égyptienne ravie au ciel, La Madeleine agenouillée*,

Sainte Christine, présentent des figures mesquines, aux formes étirées ou rabougries, aux expressions triviales, dont l'attitude dramatique déguise mal l'incorrection. Bartsch décrit *Une Vierge* qu'il aurait faite à l'eau-forte en 1568, à l'âge de 16 ans. Cherubino Alberti, en bon Florentin, ne s'en est pas tenu aux sujets de sainteté, il a gravé des bas-reliefs mythologiques : *La Vérité, nuda veritas; Vénus Anadyomène*, où l'on voit plus à découvert ses goûts strapassés, l'attitude théâtrale, les contours pelotonnés et les muscles brisés ; quant à l'exécution, son burin, clair, facile, a de la force et du pittoresque, se rapprochant de Corneille Cort et d'Augustin Carrache, sans avoir jamais la science de l'un, ni la franchise de l'autre. Bartsch, qui a décrit son œuvre en cent soixante-douze pièces, reste dans le doute sur le point de savoir s'il fut l'élève de Cort ou de Carrache. M. Leblanc, qui cite quelques pièces de plus, présume qu'il étudia sous Cort; il est certain qu'il participa à la régularisation du burin, dont cet artiste est alors à Rome le plus puissant interprète, et il lui fit plus d'un emprunt; mais on ne saurait établir de filiation précise dans leur manière.

4. ORAZIO SANTI ou DE SANTIS, *Aquilano*, était venu d'Aquilée, dans la Pouille, à Rome, se former sous l'exemple des graveurs qui faisaient alors un grand métier de leur burin; il se rapprocha de Chérubin Albert, de Cavalleriis et même de Cort. Cependant il eut une fermeté de dessin, une hardiesse de style et une liberté de facture que ne nous montrent pas les burinistes. La plupart de ses estampes, publiées à Rome de 1565 à 1574, sont faites d'après les dessins de Pompeio Aquilano, peintre de l'École napolitaine, qui est resté fort peu connu et à qui Mariette trouvait un certain ton d'imitation de Parmesan. Le graveur est aussi recherché dans ses formes et souvent strapassé. Dans *La Sainte famille*, pièce datée de 1565, que je ne trouve pas parmi les dix-sept pièces décrites par Bartsch; dans *La Descente de croix*, de 1572, il montre son goût de membres allongés, d'expressions affectées et de draperies à fracas. La légèreté de son burin, toujours clair et suffisamment pittoresque, corrige la fadeur de ces vastes compositions. Comme la plupart des graveurs de ce temps, il ne fit guère que des sujets

religieux. *Angélique, délivrée par Roger*, pièce anonyme que l'on voit
au Cabinet de Paris, est plutôt un ouvrage de Cort qui grava quelques
autres ouvrages de Pompeio Aquilano.

5. Un artiste romain, moins connu que les précédents et dont l'œuvre est moins nombreux, a pourtant plus d'intérêt à cause de l'invention
et de l'originalité de ses compositions ; c'est BERNARDINO PASSARI, qui
dessina et grava à la pointe et au burin, soixante et dix-huit pièces datées
de 1577 à 1588, que Bartsch a décrites ; toutes sont des sujets religieux : *Saint Paul enlevé par des anges sur un chapiteau*, pièce d'un
travail petit mais assez gras, d'un effet pâle assez agréable ; *Saint Jérôme
et Saint Antoine au milieu des anges*, pièce faite artistement, où les
traits d'eau-forte sont rehaussés de coups de burin vigoureux ; plusieurs
Saintes familles et des représentations de saints entourés de leur légende,
traitées avec franchise. Son exécution, bien qu'entachée des travers
du temps, ne manque ni d'esprit ni de pittoresque quand elle est
soignée ; mais il a souvent travaillé négligemment et pour le commerce.
Il composa plusieurs suites pour des livres de piété, publiés à Rome et
à Anvers ; il fournit des dessins à des graveurs de profession, à Cort,
à Thomassin et à d'autres.

6. GIOVANNI GUERRA, de Modène, peintre employé par Sixte-Quint
aux grands travaux de peinture exécutés aux palais du Vatican, du Quirinal, aux églises de Sainte-Marie-Majeure et de Saint-Jean-de-Latran,
a laissé dans la gravure des traces de la façon grandiose et expéditive
dont il travaillait. On trouve sous son nom ou sous son monogramme formé
de ses initiales affrontées et jointes, des figures d'allégories religieuses,
Religio munda, Religiosa magnificentia, etc, représentées par des femmes
posées dans des niches, avec des attitudes plus héroïques que belles, et
faites d'un burin gros et appuyé ; et une suite de têtes italiennes, *Varie
acconciature di teste citate de nobilissimi dame in diversi cittadi d'Italia*,
qui aurait été du plus grand intérêt, si l'artiste ne les avait dessinées de
pratique. *La Romana nobilissima, La Bressiana splendida, La Genovese
amorosa* et *La Venetiana signorila*, ne nous donnent pas des types en

rapport saisissable avec le pays ou le caractère assignés, mais une vulgarisation particulière de modèles émis par des graveurs antérieurs, Salamanca et Vico. Ses têtes sont d'ailleurs plus variées d'ajustement que de physionomie, et la pointe, quoique facile, manque de la légèreté et de la fantaisie exigées dans de tels sujets.

Dans quelques autres pièces plus afférentes à ces travaux pontificaux , *Les Colosses du Quirinal, La Madone au-dessus des SS. Papias, Grégoire et Maur*, datées de 1589 et 1590, Guerra fait preuve d'un dessin assez fier, habile surtout dans les ornements d'architecture , et d'un burin gras, assez rapproché de celui de Cavalleriis. *L'Ordine della cavalcata pontificale dal Vaticano*, 1589, donne de longues bandes de petites figures assez spirituellement campées. La vivacité italienne y modifie la manière des Flamands et des Allemands, qui exécutaient d'ordinaire, à Rome, ces estampes de circonstance.

III.

Cort. Villamena. Thomassin.

1. L'intrusion des artistes des Pays-Bas dans l'École romaine, que nous avons vue commencer dans la période précédente avec Hemskerck et Cock, devint dans celle-ci prépondérante, au point de naturaliser romain un orfèvre, Hollandais d'origine, disciple de Floris et de Cock à Anvers, CORNEILLE CORT, qui fut le graveur le plus habile de son temps, si l'on ne considère que la pratique correcte du burin ; le maître de Tibaldi et d'Augustin Carrache ; le premier, suivant Watelet, qui ait employé des tailles larges et nourries, qui ait trouvé le bon grain de travaux pour les draperies et le paysage[1]. Mariette et Zani ont remarqué sur quelques-unes de ses estampes, un rochoir, indice de son état d'orfèvre ; Mariette a cru de plus qu'il était graveur de monnaie, en s'ap-

---

[1] *Dictionnaire des Beaux-Arts, de l'Encyclopédie méthodique*, tom. I, pag. 368.

puyant sur le privilége d'une de ses estampes qui porte : *pro impressione urgenti*, 1577.

Il est facile de distinguer les ouvrages qu'il fit avant d'aborder l'Italie, gravés d'après Frans Floris et imprimés chez Cock. Ils sont dans cette manière sèche et ce style baroque dont nous avons vu précédemment tant d'exemples. Tels sont : *Les Sujets de la Genèse*, dans des panneaux et des cartouches ; *Les Divinités des forêts*, *Les Travaux d'Hercule*. Il ne faut pas cependant mettre à sa charge, comme on fait quelquefois, les burins anonymes de l'atelier de Cock. Dans l'opinion de Zani, il ne serait pas même l'auteur de quelques pièces inférieures, où son nom n'aurait été mis qu'en fraude par des éditeurs voulant exploiter la célébrité de son nom.

Cort travailla quelque temps à Venise d'après Titien, qui, au témoignage de Ridolfi, rapporté par Mariette, dirigea lui-même le graveur. Les estampes qu'il exécuta de 1565 à 1567, il avait alors trente ans, sont encore d'un burin étriqué, bien que le style y ait dépouillé les habitudes flamandes, comme on le voit dans *Saint Jérôme*, *La Madeleine*, *Le Christ mort pleuré par saint Joseph et les Saintes femmes*, *La Mort de la Vierge*, d'après Julio Clovio. Ce n'est qu'à Rome, vers 1568, qu'il acquiert toute sa force. Il grava alors principalement, d'après Barocci, Muziano, Zuccharo, et aussi d'après les Maîtres antérieurs, Raphaël et Michel-Ange. Il eut un burin large et varié, malgré sa propension à suivre les pratiques plus tapageuses qu'expressives des Maîtres de son temps, coloré et hardi dans ses effets, malgré la régularité constante de son travail. *L'Assomption de la Vierge*, *Les Patriarches au ciel*, *L'Annonciation*, d'après Barocci ; *La Transfiguration*, *Les Statues du tombeau de Laurent de Médicis*, sont les exemples les plus saillants de la portée de son style, savant avec Michel-Ange, contenu avec Raphaël, coloré avec Titien et Barocci, strapassé avec Zuccharo, sage dans sa puissance et grand malgré sa froideur. Il fit quelques compositions originales, mais on ne saurait voir en lui un peintre et un inventeur. Je n'ai pas su distinguer de type marqué dans ses Vierges, qu'il fait ordinairement jeunes, agréables et de petite expression. Ses figures nues, peu nombreuses dans son œuvre, ne donnent pas non plus de modèle qui lui soit particulier. Un des malheurs des burinistes trop occupés du maniement de l'outil, que Cort sanctionna, fut de perdre l'ingénuité de création, qui n'est pas refusée aux plus pauvres graveurs.

Cort, cherchant le succès, suivit le mouvement de son époque et les exigences de la ville où il travaillait; il grava surtout des sujets religieux. Les artistes patronnés par l'Église mondanisaient et mythologisaient assez les sujets religieux, pour n'avoir rien à regretter de l'ancien bagage fabuleux. Voici pourtant une estampe qui mérite d'être décrite, parce qu'elle donne l'échantillon le plus personnel peut-être de la manière de Cort et de Frédéric Zuccharo [1]: Le peintre avait voulu représenter, dans une grande composition, l'infortune des artistes de son âge, par comparaison à la faveur dont ils avaient joui dans l'âge précédent. Il représenta un atelier de peinture et de gravure garni de tous les ustensiles de l'art : dans la partie inférieure, l'artiste, on peut croire que c'était Zuccharo lui-même, est assis, le crayon à la main, près de ses apprentis ; une messagère divine, à peine voilée d'une écharpe, lui apparaît dans un nuage lumineux et lui montre le ciel; dans le fond, des forgerons préparent des armes; à droite, des Furies incendient une ville. Dans la partie supérieure, Mercure et Minerve montrent à Jupiter un tableau où paraît la Fortune poursuivie par des monstres; une Muse suivie de ses compagnes s'agenouille devant le trône du dieu. Une longue légende italienne et des vers latins servent de paraphrase au sujet.

Les artistes de ce temps avaient donc la conscience de leur déclin, sans s'en attribuer la faute. Pour nous, le signe de ce déclin est dans la manière même dont la pièce est exécutée. A la fois grandiose et fade, la facture en est large et d'un effet assez piquant, mais le graveur garde, jusque dans cette dernière production de son burin, l'air de son terroir ; la messagère, vue de dos et tournant un profil élégant, n'est pas sans analogie avec les plus belles figures de Collaert. La même manière, et la plus significative expression du génie flamand italianisé de Corneille

---

[1] Cette estampe a été incomplètement désignée sous le titre de *Tableau satyrique*, dans le *Manuel de l'amateur d'estampes*, art. Cort, N° 154. Elle fut gravée en deux feuilles et publiée par Gabriel Terrades, en 1579, l'année qui suit celle de la mort de Cort.

Cort, se trouvent dans *La Pratique des arts nobles*, gravée l'année
même de sa mort, d'après Stradan, cet autre Flamand qui, transplanté en Italie, s'y était entièrement acclimaté. Dans cet intérieur
d'académie, où chaque artiste fonctionne, où les apprentis s'exercent
en dessinant d'après le squelette ou l'écorché, et d'après les statues
antiques, figurent au premier rang, avec la robe de Maîtres, le peintre
peignant une de ses grandes batailles, et le graveur assis à son établi
et burinant son cuivre. L'estampe montre bien dans son jour la pratique solide et aisée de ce burin, que tant de graveurs prirent pour
point de mire. Si l'on veut juger réellement la distance qui la sépare de
la pratique d'une École bien italienne du même temps, on n'a qu'à
comparer l'académie de Cort avec celle d'Alberti, que j'ai citée précédemment.

2. Cort eut à Rome un atelier considérable qui fut fréquenté par des
artistes de tout pays, attachés à sa pratique ; après lui, les graveurs des
grandes estampes religieuses la continuèrent et copièrent souvent ses
ouvrages. Les noms qu'on rencontre sur les pièces faites à sa manière
et publiées à Rome chez *Lafreri* et son neveu *Claude Dughet, P. P.
Palombo, Lorenzo Vaccari, Battista Parmensis*, et à Venise chez *Luca
Bertelli*, sont ceux de PHILIPPE SOYE, GIOVANNI BARTOLOMEO MAZZA,
GIROLAMO OLGIATO, GIRARDO FONTANA FREDO, MICHEL-ANGELO MA-
RELLI, ALIPRANDO CAPRIOLO, GIACOMO LAURI, CAMILLO CUNGI. Entre
tous ces artistes, élèves imitateurs ou simples copistes, auteurs et
éditeurs d'estampes, où il y a plus de poncis que de verve et d'agrément,
j'en signalerai seulement deux ; on ne pourrait être tenté de s'occuper
des autres que par la difficulté de rencontrer leurs estampes et le désir
de dissiper l'obscurité qui les couvre. Les peintres sous le couvert desquels on les trouve placés ordinairement, sont : Zuccharo, Barocci,
Clovio, Livio Agresti, Muziano, etc.

PHILIPPE SOYE, *Sircio, Sitiens, Sericeus, Syticus*, que l'on a pris, sur
ces diverses dénominations pour un Français, pour un Italien, même pour
un Russe, et dont on a fait jusqu'à trois artistes, devait être un compatriote
de Cort, né dans une petite ville du duché de Limbourg, qui porte le nom

de Soye dans les anciennes cartes. Zani lui applique la marque de deux coqs combattant, que Christ donnait à Cort, et Brulliot à Cock. Il est surtout connu par deux belles estampes d'après Michel-Ange, *La Vierge à l'enfant Jésus endormi*, 1566; et *Le Christ en croix*, 1578. Bonasone avait déjà gravé ces compositions, mais Soye en donna une traduction plus ferme et plus régulière. *Judith*, d'après Julio Clovio; *Saint François*, d'après F. Zuccharo, et d'autres estampes également remarquables qui ont été souvent attribuées à Cort, le montrent ayant un dessin solide, refroidi par le métier, et un burin serré, uniforme, qui paraît encore un peu imbu des habitudes flamandes. Zani lui trouvait de l'analogie avec Tibaldi, plus encore qu'avec Cort; s'il fut l'élève du graveur batave, il ne lui survécut pas. On ne trouve plus de ses ouvrages après le pontificat de Pie V, 1572, dont il grava le portrait dans un ovale orné de la Justice et de la Prudence.

ALIPRANDO CAPRIOLO, de Trente, est resté ignoré de beaucoup d'auteurs; on le confondit avec Cort, parce qu'il avait l'habitude de marquer ses estampes des deux lettres cursives *a c* accolées, qui peuvent être prises pour deux *cc*, initiales de Corneille Cort, et qui d'ailleurs sont placées dans des parties où il est difficile de les apercevoir ; mais il a quelquefois signé ses ouvrages en toutes lettres : *Aliprandus Capriolus* ou *Aliprando Capriolo*. Il a gravé, depuis 1577 jusqu'en 1596, de grands sujets religieux, d'après divers Maîtres italiens de son temps : Tad. Zuccharo, Bernardino Passeri, et d'autres moins connus, Paris Nogari, Nicolo Circignani. Zani estime qu'il est le principal et peut-être l'unique graveur qui ait parfaitement imité la conduite du burin de Corneille Cort. Il m'a paru, de plus, qu'avec moins de force et de hardiesse que son maître, il avait peut-être quelquefois moins de sécheresse et que son dessin était plus décidément Italien. Cependant, dans une suite de pièces évangéliques qu'il a gravées d'après Martin de Vos, il a montré, pour s'accommoder à son modèle flamand, un fini tout particulier. Outre les pièces ordinairement citées, je désignerai quelques estampes capitales de son œuvre : *L'Apôtre saint Jacques et le roi d'Espagne Ramirez mettant en fuite l'armée africaine*, d'après Paris Nogari; *le Martyre de sainte Simphorose*, où le sujet principal est entouré

de huit petits sujets du martyre des sept fils de la sainte, d'après
Nicolo Circignani, et la suite de *La Vie de saint Benoit*, d'après Bernardino Passeri. Plusieurs pièces de cette suite portent son monogramme et
son nom ; elles sont exécutées d'un burin facile, avec plus de liberté et
de pittoresque que ses grandes estampes, et les têtes y sont très-expres-
sives ; on ne peut critiquer que la pesanteur travaillée des fonds et
des accessoires.

3. On fait communément dériver de l'École de Cort, FRANCESCO
VILLAMENA, d'Assise ; il n'avait pourtant que douze ans à l'époque de la
mort de cet artiste, l'an 1578, et il ne commença de graver à Rome que
sous le pontificat de Clément VIII. On en fait aussi volontiers un condisciple
d'Augustin Carrache, qui était plus âgé que lui de onze ans et qui avait
passé sa jeunesse à Bologne. Ce qui est certain, c'est qu'en 1597, date
des premières estampes de Villamena, les estampes de Cort et de Carrache étaient dans toute leur vogue à Rome, et qu'elles servirent à son
apprentissage du burin ; il les imita même quelquefois très-habilement,
mais son travail a une délicatesse et une vivacité qui ne sont qu'à lui. Il
paraît dériver plutôt par sa manière propre des Maîtres ascétistes Salimbeni, Vanni, Muziano, dont il traduit d'une nouvelle façon l'affectation
dévote et le vif coloris. Je l'aurais classé à leur suite s'il ne m'avait paru
appartenir, par la netteté et la savante régularité de son burin, à un
moment plus avancé de la gravure romaine.

Watelet disait le travail de Villamena trop économisé, rendant plutôt
des dessins d'un effet doux que des tableaux colorés ; dans sa gravure,
propre et agréable, il trouvait un sentiment de maigreur, et dans son dessin, une manière, prononcée surtout dans les extrémités, qui lui faisaient
décider que Villamena, malgré sa réputation, ne pouvait être l'objet
d'une étude fort utile ni pour les peintres ni pour les graveurs. Ce jugement n'est bon que par comparaison à la gravure des artistes plus avancés
et plus ragoûtants, que le critique du XVIIIe siècle aimait de préférence.
Villamena, vu pour lui-même, est suffisant dans la parcimonie de ses
tailles, très-vivement éclairé, large malgré la coupe vive et cassante de
son burin ; il a, comme on doit s'y attendre, la manière prononcée de

son temps, les airs de tête mignotés, les doigts effilochés et toutes les lignes tourmentées.

Sa Vierge, jeune et souriante, est d'un modèle petit de formes et d'expression ; ses saintes sont extasiées, ses enfants d'un type épais tout particulier. Nul talent n'était plus propre à rendre *Sainte Thérèse écrivant dans sa cellule*. En voyant *La Descente de croix* d'après Barocci, gravée en 1606, on se persuade que ce burin était parfaitement dans la donnée du peintre, avec toutes les qualités de la poétique jésuite : du poli dans la sécheresse, de l'afféterie dans l'énergie et de l'ascétisme dans l'expression. Quand il a traduit *Les Loges* de Raphaël, bien qu'il y ait mis toute la science et la sagesse dont il était capable, il n'a pu s'empêcher de les rapetisser et de les radoucir. Ève a des formes plutôt juvéniles que féminines. Son œuvre est du reste composé principalement de sujets religieux ; cependant il fit des thèses où les emblèmes mythologiques étaient obligés ; il copia les divinités payennes de Caraglio, et composa des pièces familières qui étaient d'importation assez récente dans l'École italienne pour être remarquées. Nous verrons Augustin Carrache aborder, entre autres innovations, les portraits et les sujets chargés, et les traiter avec une franchise d'observation et un style qui en relèvent la bassesse. Plusieurs graveurs après lui s'y exercèrent ; Villamena, en gravant des *Crieurs de rues* et des *Frères quêteurs*, sut, dans la propreté inséparable de son burin, rendre d'une façon piquante leurs mines rustiques et leurs haillons.

4. Luca Ciamberlano, d'Urbin, de docteur en droit devenu graveur, publia à Rome, de 1599 à 1641, un grand nombre de pièces pour la dévotion et le commerce. Mariette a établi qu'il était l'élève de Villamena : son dessin précis et son burin dur tiennent en effet de ce Maître ; mais il ne sut pas se faire une manière et dominer son métier. Il grava, d'après des Maîtres divers, des sujets presque exclusivement pieux, des frontispices, des thèses et des armoiries historiées ; il imita ou copia servilement, tantôt les gravures des Écoles ascétistes, tantôt les gravures de Carrache.

Pour donner un peu plus d'entourage à Villamena, on pourrait placer ici une artiste romaine, Isabella Parasole, femme d'un graveur en bois, que nous trouverons à la suite de Tempesta ; elle grava au burin, dans la manière la plus édulcorée de l'École. C'est ce que j'ai cru voir dans une estampe représentant *Le Symbole de la piété*, une échelle céleste au bas de laquelle sont placés la Religion, saint Augustin, deux thuriféraires et des emblèmes ; la pièce, signée *Isabella P. F.*, n'est pas d'une grande force, mais elle attirera peut-être sur la Parasole un regard que ne lui auraient pas valu les modèles de dentelles qu'elle grava pour les dames, auxquels Villamena fit un joli frontispice [1].

5. PHILIPPE THOMASSIN de Troyes, *Philippus Gallus*, appartient à l'École romaine aussi légitimement que Corneille Cort de Hooren ; je n'affirmerai pas cependant, comme on le fait partout, qu'il fréquenta l'atelier du Batave. S'il nous était donné de connaître ses ouvrages de début, peut-être y trouverions-nous les traces d'un premier apprentissage français ; le premier que l'on trouve daté, *Portrait équestre de Henri IV, Philippus Thomassinus Trecensis sculptor dicavit anno sal. CIƆCIXCVI, die 12 decembris*, est d'un burin dur, compassé et sans couleur ; il travailla la même année à Rome, où, suivant Baldinucci, il commença par ciseler des boucles de ceinturon. Les portraits et le cérémonial des chevaliers de Saint-Jean-de-Jérusalem, gravés pour l'ouvrage des *Statuts de Rondinelli*, Rome, 1586, donnent une manière de dessin maigre, allongée, et sèche de burin, qui n'est pas italienne. Les estampes qu'il fait ensuite, d'après Barocci, Salimbeni, Passari, et qui sont publiées chez Lafreri, indiquent plutôt l'inspiration directe des Maîtres romains, et pour la gravure, le métier de Beatrizet et de Cavalleriis, que celui de Cort. *L'Annonciation*, 1588, copie de l'estampe même de Barocci ; *L'Ensevelissement*, d'après le même ; *La Vierge allaitant*, d'après Salimbeni, 1588 ; *Jésus ressuscitant la fille de Jaïre*, témoignent dans des manières diverses des premières études du graveur. En se raffermissant dans l'exercice du burin, il se mit à graver d'après un grand nombre de Maîtres, depuis Raphaël jusqu'au Josépin, avec une prédilection marquée pour les

---

[1] Gori Gandellini ; *Notizie historiche degli intagliatori*, tom. III, pag. 7. Siena, 1808.

Maîtres de Sienne. Travaillant plutôt en commerçant qu'en artiste, il se bornait souvent à imiter ou même à copier les estampes en vogue, et cherchait la manière la plus appropriée à la vente. Il n'y en avait pas de supérieure pour le public à celle de Corneille Cort. Thomassin la vulgarisa encore par la pratique claire de son burin, par le tempérament éclectique de son dessin. Dans les grandes pièces qu'il a le plus soignées, il a donc le style ferme et froid, le dessin assuré, même quand il n'est pas d'une correction absolue, et le burin propre et régulier des graveurs de profession. Il alla jusqu'aux limites du genre, en burinant le Christ et les Apôtres de grandeur naturelle. On comprend qu'il n'atteignit ainsi qu'à des types dont la grandeur ne peut corriger la banalité.

Gori fait une assez longue énumération des pièces que Thomassin aurait inventées ; mais, dans celles où cette invention n'est pas contestable, le mérite se trouve réduit à des suites religieuses où tout, désormais, est devenu de convention. Le graveur, infatué de ses grands coups de burin, les applique même à des figures familières : *La Noble, La Bourgeoise, La Nonne*, et à des caricatures : *Non piu cocco voglio moglie, O Zanolina mia bella e meglior la fave che il fiore ;* et, bien qu'elles ne soient pas sans caractère, la froideur du travail en aplatit singulièrement l'expression. J'aime mieux indiquer à ceux qui voudraient chercher tout ce que Thomassin put conserver de personnalité dans l'exercice trop mercantile de sa profession, une suite de Vierges, et une suite de statues antiques, où les modèles, rapetissés et appauvris, ont pourtant quelque verve.

Thomassin devait avoir naturellement des accointances avec les artistes français qui vinrent, sous Clément VIII, s'initier au foyer des Écoles romaines et s'attacher au parti des Maîtres strapassés. Il grava d'après Deruet, surtout d'après Freminet, le sectateur de Josepin, et ces estampes montrent peut-être son burin sous son jour le plus avantageux : l'artiste y a un dessin moins magistral peut-être, mais une liberté et un agrément que l'on ne trouveraient pas dans les pièces d'après Raphaël. Il eut aussi, comme tous les marchands, un atelier de confection. Baldinucci a dit un mot des artistes qu'il prenait en aide pour graver tant de belles inventions de choses dévotes ; il nomme Callot comme un de ses apprentis : nous verrons plus tard ; mais ici il ne peut être question que des élèves qu'il put avoir dans sa propre manière. On ne trouve à citer comme tels, que des graveurs infimes. Tel est JEAN TURPIN qui fut associé à son commerce dès 1597, et qui grava pauvrement quelques pièces de piété.

Les trois Écoles que je viens de reconnaître marquent, chacune dans son sens, les allures qui convenaient à la société : les ascétiques raffinant l'expression religieuse et l'effet sensible, les machinistes se plaisant aux complications de dessin et d'ordonnance, les praticiens occupés de la savante et solide manœuvre de leur burin, sont en relation directe avec le temps qui vit pulluler les colléges des Jésuites et les Académies, qui fit fleurir les sonnets hyperboliques et les poèmes didactiques, et qui inventa l'opéra, les tragédies et les pastorales en musique. Puisse cette conformité servir de mérite aux Maîtres ordinairement maltraités par les auteurs peu indulgents pour les œuvres médiocres ! Ceux-ci furent surtout sacrifiés à la gloire de l'École de Bologne, qui avait déjà commencé alors ses sages réformes.

IV.

Les graveurs Florentins.

1. Florence, qui n'avait pas eu de graveur hors ligne pendant la période précédente, mais où le souvenir de Michel-Ange maintenait toujours un grand goût de dessin, le montra encore dans les artistes qu'elle put produire aux temps de décadence qui signalent le règne du duc François. Ce prince souillait la gloire des Médicis : cruel, dissolu et vaniteux, il gouvernait sous le bon plaisir du pape, de l'empereur et du roi d'Espagne, et avait pour maîtresse la belle et enjouée Vénitienne Bianca Capello qui, à son mariage, se fit déclarer fille véritable et particulière de la république.

MICHELE CRECHI LUCCHESE, *Michael lucencis*, dessinateur, graveur et marchand d'estampes, n'a pas été régulièrement classé. Zanetti le fait naître vers 1539, Malaspina vers 1562 ; Zani le fait travailler en 1550, Huber en 1600 ; mais il y a deux estampes datées : la Vierge dite *La Madona del poplo*, d'après Raphaël, porte l'année 1572, et *La Vierge et plusieurs saints*, d'après Jules Romain, dédiée à Giuliano Cesarini, l'an 1604. C'est entre ces deux dates que le graveur se place ; il n'eut pas de manière à lui. La Vierge que j'ai citée est gravée lourdement, dans le goût de Marc-Antoine, dont il copia aussi plusieurs pièces ; *La Marche d'un sacrifice* est faite d'une pointe allongeant ses traits et cherchant l'effet dans le goût de Parmesan ; *Le Crucifiement de saint Pierre*, d'après Michel-Ange, montre un travail de hachures ramassées dans la mode des marchands de Rome. Encore moins faut-il chercher ici un dessinateur original, mais il eut un exercice assez libre du métier, et un souvenir assez vif du grand style, pour le montrer dans des ouvrages de sa composition. On peut, il me semble, lui attribuer l'invention d'une estampe que je ne trouve pas citée et qui est gravée dans la manière des élèves de Marc-Antoine : *La Nymphe nue tenant un satyre renversé*. Il se recommande de plus, comme Kartaro à Rome, par des goûts d'archaïsme, par une imitation intelligente des œuvres de vieux Maîtres. Une recherche attentive de l'œuvre de Lucchese, lui mériterait peut-être une place plus considérable que celle qui lui a été jusqu'ici accordée.

2. Trois moines de la Vallombreuse cultivèrent dans le même temps la gravure. Don Vito, confondu par Brulliot avec Dominique Zenoi, de Venise, qui a signé quelques pièces D. V., a mis son nom, *Don Vitus vallis umbrosæ monachus*, sur plusieurs pièces datées de 1577 à 1581. Il ne fit pas seulement des sujets religieux, car on lui donne une estampe de *Vénus et l'Amour* d'après une statue de Florence. Son travail est lourd, son dessin petit ; et bien qu'il ait copié Marc-Antoine dans *La Chasteté de Joseph*, il se rapproche plutôt du métier régulier de Cort, dont il copia aussi une pièce : *La Conversion de saint Paul*.

Je n'ai trouvé dans aucun dictionnaire d'artistes le nom de Don Mercuriali Marino de Forli, mais il a signé et dédié au cardinal Benoît Justinien, une estampe de *L'Annonciation*, d'après le vieux tableau de l'église de la Trinité de Florence : *D. Mercurialis Marinus de Forolivio vallis umbrosæ congregationis monachus incidendo, dicavit. Florentiæ in mont. S^{ma} Trinit., anno 1590.* Le burin en est raide, mais il y a du soin, et l'expression naïve du vieux Maître est assez bien rendue ; la pièce est suffisante pour qu'on regrette de ne pas connaître d'autre ouvrage de ce moine.

Don Epifanio d'Alfiano est un peu plus connu. Zani énumère ses titres de Père prieur du Saint-Esprit de Florence, en le qualifiant de plus d'amateur. Ses gravures sont en effet plutôt d'un amateur que d'un prieur : ce sont des *Scènes de théâtre* faites pour les noces du duc Ferdinand et de Christine de Lorraine, en 1589. Gori cite encore le livre *dell'idea dello scrivere di Giuseppe Segaro genovese,* qu'il aurait gravé au burin en 1607. Mariette, qui cite *La descrittione dell'apparato e degli intermedi fatti per la comedia representata nelle nozze di S. D. Ferdinando Medici,* pense que les deux planches de décoration laissées par Aug. Carracci ont été gravés à la même occasion. On ne verra pas sans plaisir les scènes de Don Epifanio, pourvu qu'on ne les compare pas à celles du Maître de Bologne, dont la verve est incomparable, même dans ces sujets brusqués ; la pointe en est dure, mais accentuée. Il faut du moins savoir gré à l'artiste d'avoir fait ressortir la tournure et l'accoutrement des nymphes de Florence, l'effet de physionomie et de décoration, que l'on voyait dans les fêtes du duc Ferdinand. Il est singulier que ce soit un moine qui nous serve d'introducteur.

3. Depuis Laurent-le-Magnifique, Florence se signalait par ses fêtes triomphales, ses chars carnavalesques, ses spectacles de place. Bianca Capello avait fait célébrer son mariage, en 1578, avec des pompes qui avaient coûté trois cent mille ducats. Celles de Christine de Lorraine ne furent pas moindres. Après les architectes qui les dressaient, les sculpteurs, les peintres et les poètes qui en formaient la décoration, venaient les graveurs pour en perpétuer le souvenir. A Florence comme à Rome, ces graveurs usèrent de l'eau-forte et non de la taille de bois, ainsi qu'on le faisait à Lyon et à Paris, et ils la pratiquèrent d'une façon preste, avec des traits déliés que ne savaient pas lui donner les artistes d'Anvers.

Les Parigi sont les plus anciennement connus, parmi les architectes graveurs des fêtes florentines. Zani cite ALFONSO PARIGI *di Santi
Seniore*, comme gravant à l'eau-forte en 1567 ; nous n'avons pas rencontré
de ses ouvrages. GIULIO PARIGI, maître d'architecture militaire des fils
de la grande-duchesse Christine, puis ingénieur du grand-duc Cosme II,
ordonnateur des fêtes de son mariage, en 1608, avec Marie-Madeleine
d'Autriche, et de celles du mariage célébré plus tard entre Odoard Farnèse
et Marguerite de Toscane, en grava et en fit graver dans son atelier, par
REMIGIO CANTA GALLINA, le plus habile de ses élèves, et par ALFONSO
PARIGI, son fils ou son neveu, les pièces de décoration les plus remarquables : ce sont des paysages et des scènes d'opéra, datés de 1595 à
1624. On ne peut les recommander pour le bon goût de leur composition, où la mythologie s'entoscanise, ni pour la correction de leurs
figures, campées d'une façon si provoquante ; mais il y a un ragoût
dans la pointe, et un accent de terroir qui les fera toujours distinguer. Cet
atelier a d'ailleurs un titre particulier à notre intérêt : un enfant qui était
venu voir les fêtes, à la suite de bohémiens, Callot, y travailla.

Parmi les peintres qui ravivèrent l'École toscane à la fin du XVI° siècle,
GIACOMO LIGOZZI, peintre de Vérone, mais travaillant à Florence, et
surintendant de la galerie du grand-duc Ferdinand, paraît être le seul qui
ait agi sur la gravure. Il la pratiqua lui-même au burin et sur bois d'après
Gori, à l'eau-forte seulement d'après Zani. Je n'ai pas rencontré d'estampe
qui puisse lui être attribuée ; les pièces en clair-obscur qu'on lui donnait
autrefois sont, avec juste raison, aujourd'hui données à Andreani : *La
Vertu aux prises avec l'amour, l'erreur, l'ignorance et l'opinion*, dont je
connais une excellente estampe au burin, est trop forte pour l'ouvrage d'un
peintre ; elle est plutôt de Raphaël ou de Jean Sadeler, qui suivaient alors
l'École que Stradan avait établie à Florence, et qui gravèrent d'autres tableaux de Ligozzi. Il faut un peu de bonne volonté pour y trouver rendus
les modèles hardis, majestueux et riants que l'on peut prêter au peintre.
Nous serions plus avancés sur les types de l'École florentine à cette
époque, si nous pouvions trouver quelque portrait gravé contemporain
de cette Bianca Capello qu'Allori avait peinte [1] et qui a été dépeinte aussi

---

[1] Musée de Berlin, N° 345. Galerie des offices de Florence, première salle de l'École toscane.

d'après nature par Montaigne, admis en 1580 au dîner du grand-duc : *Cette
duchesse est belle, à l'opinion italienne; un visage agréable et impé-
rieux, le corsage gros et de tetins à leur souhait ; il mettait assez d'eau
dans son vin, elle quasi point* [1].

4. Mais voici enfin un graveur qui fait souche dans l'École florentine.
Antonio Tempesta pratiqua d'abord la peinture à Florence , sous la direction du Flamand Stradan et de Santi di Tito, et se fit de bonne heure une
réputation non-seulement de peintre inventif, mais d'esprit brillant,
d'excellent musicien, de compagnon aimable, possédant, entre autres
dons l'art de contrefaire les accents étrangers. Il se rendit à Rome
sous Grégoire XIII, et il eut sa part des peintures exécutées dans les
palais et les églises, où ses cavalcades et ses batailles furent surtout
remarquées ; mais son génie, trop prompt pour la peinture ; sa fantaisie,
d'une extrême fertilité, le firent s'appliquer à l'exécution des dessins à la
plume, où il réussissait merveilleusement , et à la pratique de l'eau-forte ,
où il a laissé un œuvre de près de quinze cents pièces. Bartsch, qui l'a
décrit, y loue la fertilité de la composition, l'esprit des groupes, l'élégance des figures, quoique le dessin n'en soit pas toujours pur, et, enfin,
une grande pratique. C'est cette pratique qu'il faut chercher à connaître.

Les plus anciennes estampes datées, de Tempesta, sont de Rome, en
1589 et 1590, et ce ne sont peut-être pas les premières qu'il ait faites ,
il avait alors plus de 30 ans; plusieurs de ses compositions avaient été
déjà gravées dans la manière des élèves de Cort , par Villamena et par
Tomaso Moneta. Ce qui est de sa main se distingue dès-lors par un
dessin solide et une pointe épaisse, dont je ne vois pas où il a pu prendre
l'exemple. Il n'a point l'élévation et la correction des Carracci, encore
moins l'expression des ascétistes ; il n'a pas non plus la trivialité des naturalistes ; cependant, il a connu ces Écoles et leur fait des emprunts, mais
il se fait une manière , et ses figures fortes en chair, ont un héroïque qui
n'est qu'à lui. Sa pointe, carrée, fortement appuyée dans les contours ;
ses plans accentués et ses ombres obtenues , en laissant mordre l'eau-
forte à l'excès, font ressortir encore son originalité.

---

[1] *Journal du voyage de Montaigne en Italie*, en 1580 et 1581, tom. 1, pag. 252. Paris , 1775.

Cette manière est peu favorable aux types religieux : le Père Éternel de *La Création* gesticule sous d'épaisses draperies ; dans les figures du *Calvaire*, comme dans d'autres sujets pieux, Tempesta semble avoir cherché sous des formes toujours robustes, la chaleur colorée et la passion profonde de son ami Cigoli. *La Vierge du rosaire*, avec ses grands yeux noirs, a beaucoup d'expression, sinon de l'idéal ; et la Vierge de *La Fuite en Égypte*, sous sa coiffe et sa physionomie plus rustiques, a un piquant qui séduira plus d'un dessinateur. Tempesta n'est pas plus agréable dans les types mythologiques, mais c'est là qu'il a fait paraître l'héroïque de sa façon : *Orphée* m'en a paru le modèle le plus saillant. Il grava avec beaucoup d'entrain les sujets de la Jérusalem, mais sous ses doigts, Armide prend toujours l'air hommasse :

> *Così ingrossò le membra e torno scura*
> *La faccia ; e vi sparir gli avori e gli ostri*
> *Crebbe in gigante altissimo.* CANTO XVIII, 35.

Il poursuivit du reste ces figures chevaleresques jusqu'à la charge, en gravant *La leuda Marfisa* et *El valoroso Gradasso*. Dans les figures nues, Tempesta paraît très-grossier. Les femmes de *L'Age d'or, Diane* et toutes les nymphes des métamorphoses, ont une inflation de formes qui, avec leurs grands yeux et leurs grandes bouches, les firent longtemps remarquer et assurèrent leur succès dans plusieurs Écoles. La fougue de notre graveur déverse surtout, comme on sait, dans les batailles et les chasses ; et ce n'est pas seulement *Hercule, Alexandre, César* et le *Grand-Turc* qui y donnent le spectacle des sanglantes parades d'hommes et d'animaux ; les sportmen de l'an 1610, Virginio Ursino, Neri Dragomanno, et tous ceux à qui l'artiste dédiait ses suites, aimaient à s'y voir piaffer et courir, solidement plantés sur ces chevaux de Flandre dont Stradan avait importé la race.

L'œuvre de Tempesta comprend ordinairement plusieurs gravures en bois, entre lesquelles on distingue *Saint Jérôme, Les Figures du Nouveau Testament arabe*, de la typographie des Médicis à Rome, en 1591, et des *Batailles*. Ces estampes sont taillées sur ses dessins par LEONARDO PARASOLE, et GIROLAMA PARASOLIA, sa cousine, graveurs sur bois, travaillant à Rome de 1591 à 1620, qui signèrent souvent leurs ouvrages de leur nom ou de leurs initiales, accompagnées du canif; leur travail est habile, ferme et pittoresque, quoique trop fait et entaché des travers des graveurs en bois qui veulent imiter la taille-douce. Ils traduisent nonobstant assez bien le dessin de Tempesta, qui ne laissa pas, que je sache, d'autres élèves directs.

5. Florence avait, dans le même temps, quelques autres graveurs, mais qui se distinguent à peine dans la foule :

SEBASTIANO VAIANO a mis son nom sur trois ou quatre pièces datées de 1627 et 1628 : *Le Christ outragé par un soldat; La Madeleine*, gravées d'après Annibal Carrache et d'après un autre VAIANO ALESSANDRO, qui n'est connu que par là et par une eau-forte, *Le Christ mort*, décrite par Zani et par Bartsch. Elles sont faites d'un burin délié mais dur, avec une grande recherche de modelé et de sentiment, dans un goût qui se rapproche de Villamena.

ANNA MARIA VAIANA, parente sans doute de Sebastiano et d'Alessandro, a laissé du renom comme peintre de fleurs; elle grava à l'eauforte et au burin, et dut avoir quelque liaison avec Mellan, qui nous a laissé d'elle un joli portrait.

DOMENICO FALCINI, de Sienne, marchand d'estampes à Florence, de 1606 à 1633, employa ce qu'il put savoir du métier de graveur, à reproduire les dessins de Giambattista Vanni, d'après les peintures d'Andrea del Sarto, et à composer des entourages de thèses.

Enfin, GIAMBATTISTA VANNI, de Pise, peintre, architecte et musicien, qui avait suivi beaucoup d'Écoles et travaillé dans plusieurs villes, grava d'une façon expéditive les plus vastes compositions de la peinture, les fresques de Corrège et les toiles de Paul Véronèse. Sa pointe, plus large que correcte, y surmonte facilement les difficultés de raccourcis et d'ordonnance, mais à la condition d'y effacer ce qu'il y a de plus précis et de plus personnel dans le style.

V.

Les graveurs Vénitiens, Véronais et Ferrarais.

1. Le premier graveur qui, à Venise, ait traité le burin avec un éclat en rapport avec la peinture de cet heureux pays, est MARTINO ROTA, de Sebenigo. Il ne prend pas ses modèles aux graveurs Romains, la plupart trop dessinateurs pour obtenir du burin tout l'effet qu'il peut rendre ; mais aux Flamands qui, au maniement le plus soigné du burin, joignent un vif sentiment de la couleur. On le rapproche ordinairement de Cort, qui était à Venise en 1565, et dont il imite en effet la manière dans plusieurs estampes, comme *La Sainte famille*, 1569 ; *La Magdeleine*, *Prométhée ;* mais il copia aussi d'autres graveurs. Mariette cite la copie qu'il avait faite des sujets de *La Grande Passion*, d'Albert Durer. Celles de ces estampes qu'on peut regarder comme les plus anciennes, entre lesquelles je citerai *L'Ensevelissement*, d'après Lucas Penni, sont d'un travail sec et poli, d'un modelé précieux, qui est emprunté aux graveurs antérieurs à Cort ; mais dans les pièces de sa plus grande force, *Le Denier de César*, *La Madeleine*, *Vénus et Adonis*, le burin prend un mordant et des reflets qui ne sont qu'à lui. Il y eut d'ailleurs beaucoup de variété dans ses travaux, quelquefois clairs et légers, d'autres fois serrés et durs. Bartsch lui reproche de n'avoir point assez soigné ses demi-teintes. Il eût été, sans ce défaut, moins coloré, moins Vénitien. Il est remarquable, en effet, que Rota n'est point froid, bien qu'il ait donné souvent à ses estampes le reluisant du métal. Celle où ressort le mieux la qualité principale de sa gravure, est *Le Jugement dernier*, que Mariette appelle un chef-d'œuvre de l'art. Rota grava d'abord la composition de Michel-Ange, en l'amoindrissant de toutes manières, comme on sait, mais en y mettant les effets miroitants de son burin le plus soigné ; et content du succès de la pièce, il la reproduisit avec des changements de disposition dans plusieurs groupes, deux fois et même trois, en comptant la pièce qui fut achevée après sa mort, par les soins du médecin Boetius de Boort. Ces petits jours éparpillés sur des fonds noirs, ces physionomies enjolivées

et ces corps gracieux s'élevant vers le ciel, nous rejettent loin sans doute de Michel-Ange, mais il y a la plus séduisante manière du graveur Vénitien.

Martin Rota, excellent dessinateur, n'était point un grand inventeur; il n'eut rien d'original dans ses types : je n'ai pas su distinguer dans son œuvre, une figure à lui particulière, si ce n'est peut-être le buste de *Violante Pigna*. En la prenant pour le modèle de l'artiste, on lui trouve l'expression petite mais le sourire vénitien; et dans sa beauté mate, l'aisance et la distinction d'une fille de la Giudecca, rendues comme elles purent l'être par un burin précis qui se signala dans ses portraits, mais qui poursuivait le modelé précieux des graveurs Allemands plutôt que l'harmonieuse splendeur des Maîtres de son pays.

2. DOMENICO ZENOI VENEZIANO, orfèvre, travaillant à Venise de 1560 à 1574, mania le burin avec assez de finesse et de fermeté, pour être mis à la suite de Rota; mais ce ne fut guère qu'un copiste. Il a reproduit des estampes de Marc-Antoine, de Cort, de Battista Franco et de Rota. On trouve même dans le petit nombre de pièces signées de son nom ou de son prénom *Dominicus V.*, qui a été appliqué faussement par Brulliot à Don Vito, des copies de René Boyvin : *François Ier abordant le temple de Jupiter à travers la foule aveuglée; Jupiter avec Calisto.* M. Robert Dumesnil cite encore de lui un portrait de Henri III, et Gori des estampes de navires. Je noterai ici, pour justifier la place que je donne à Zenoi, une estampe qui paraît être de son invention : *Le Corps du Christ assis dans son tombeau et veillé par un ange;* la pièce est signée *D. Ze Fe Sadeler exc.* Les Sadeler s'étaient établis comme on sait à Venise, où ils moururent, et l'orfèvre Zenoi se trouvait naturellement en rapport avec eux par le genre de sa gravure.

3. Le burin est ensuite tenu à Venise par des marchands. BENETTO STEFANI ajoute aux estampes de Marco del Moro et de Giambattista Fontana, la pratique de Corneille Cort, et ne parvient ainsi qu'à les gâter. Les Bertelli, éditeurs féconds et graveurs faciles, vulgarisèrent les Maîtres Vénitiens qui les avaient précédés, et les mêlèrent avec les Romains machinistes et avec les Bolonais éclectiques. LUCA et CHRISTOFANO

BERTELLI gardent encore, dans quelques pièces plus soignées, les traditions larges de leur pays ; Ferdinando et Pietro se distinguent surtout par la publication de leurs Costumes. Ces recueils, *Omnium fere gentium nostræ ætatis habitus,* 1563 et 1594, où les dames et les courtisanes, les paysans et les gentilshommes, se montrent avec une aisance d'allures et une propriété d'ajustements toutes nouvelles, étaient bien faits pour piquer la curiosité publique. Ils n'ont pas sans doute aux yeux des artistes, la valeur des costumes sur bois, dessinés et publiés par CESARE VECELLIO, *Habiti antichi e moderni di tutto il mondo,* 1590 et 1598, et empreints d'un caractère magistral qui les a longtemps fait attribuer à Titien; mais ils sont encore caractéristiques d'une École que sa position géographique rendait apte à représenter cette panoplie.

NICOLO NELLI, autre marchand d'estampes, fut un dessinateur plus pauvre et eut moins d'aptitude à manier le burin; mais il a quelques portraits qui le recommandent : *Philippe II, roi d'Espagne et archiduc d'Autriche,* dans un cartouche à compartiments historiés, signé *Nicolo Nelli F.* 1567, est gravé avec une vivacité et un précieux comparables à ceux de Martino Rota. Je citerai encore une pièce de sa composition, non pour le mérite, mais pour le sujet, qui indique l'application du burin à des scènes facétieuses, introduite à Venise - comme à Rome : *La Venerabile Poltroneria Regina de Cucagna. Nicolo Nelli inven. Fe.* 1565, avec trente-deux vers italiens ; la Reine, matrone obèse, est installée dans un fauteuil percé à roulettes, et servie par des femmes dans ses diverses fonctions. On trouve d'autres sujets de ce genre traités sur bois, comme *Il Triomfo della caresima.* En gardant leur habitude de dessin classique dans ces facéties, les Italiens restent loin de la verve flamande; et même à Venise, où la discipline ecclésiastique n'a pas amorti la gaîté, la comédie n'a pas d'École dans la gravure.

Le dernier nom que je distingue dans le commerce considérable d'estampes qui se faisait à Venise à la fin du XVIᵉ siècle, est celui de GIACOMO FRANCO. Il publia un grand nombre de pièces anciennes de Battista Franco, en les retouchant et en y mettant son nom, *Franco F.* ou *Formis;* circonstance qui l'a souvent fait confondre avec ce Maître. Les pièces de sa main devront être reconnues à leur goût de dessin abâtardi et à un emploi du burin monotone et appesanti. Giacomo Franco s'adonna aussi à l'eau-forte, et là il suivit les traces d'Augustin Carracci, en gravant une partie des vignettes de *La Jérusalem;* il fit dans le même goût des figures pour *Les Métamorphoses d'Ovide,* 1854, et d'autres pièces citées par Hei-necken. Il n'a pas la correction et l'esprit de Carracci, mais son dessin preste et sa pointe accentuée le rendent supérieur aux marchands que je viens d'énumérer. Nous arrivons en effet avec lui aux eaux-fortistes, qui montrent sous un aspect plus vivant le déclin de l'École vénitienne.

JACOPO PALMA le jeune, ou PALMETTA, petit-neveu de Palma le vieux, florissant de 1580 à 1620, remplit Venise de ses tableaux, et laissa des eaux-fortes où l'on reconnaît bien les qualités d'un peintre et d'un coloriste. Il témoigne de l'invasion de l'École vénitienne par les styles étrangers, principalement par celui des naturalistes; mais il garde un dessin gran-diose et un travail de pointe chaleureux, qui lui firent un succès dans les ateliers. Plusieurs années après sa mort, en 1636, on recueillait ses estampes, dont la plupart n'étaient que des fragments, pour les publier comme des principes: *Regole per imparar a designar i corpi humani de-lineati dal famoso pittor Giacomo Palma,* en y joignant beaucoup d'autres pièces tirées des dessins de Battista Franco et gravées plus symétriquement par Giacomo Franco et Luca Ciamberlano. C'étaient les dernières lueurs d'un flambeau naguère resplendissant, que les Vénitiens opposaient aux modèles des autres Écoles. Pris comme principes, les morceaux de Palma sont loin de la vérité de ceux de Ribera, et ils n'ont pas la correction de ceux de Valesio ; leur intérêt est dans l'empreinte non encore fruste qu'ils montrent du type vénitien, des têtes vives, des torses amplement déve-loppés. Dans ses compositions, Palma a, de plus, de l'invention et une facture originale ; il a traité avec crânerie les sujets bibliques aussi bien que les allégories, et dans *Dalila coupant les cheveux de Samson,* comme dans la figure de *Rome,* le graveur a su exprimer encore, sous les travaux déguenillés de sa pointe, la smorfia des traits, le fauve des cheveux et l'abondance des formes, qui sont des caractères de la beauté des lagunes.

5. La fusion de l'École vénitienne avec les Écoles de Bologne, est représentée par ODOARDO FIALETTI. Il avait appris la peinture dans le

même atelier que Guercino; chez Cremonini, un des Maîtres de Bologne antérieur aux Carracci, et avait passé de là à Venise où Tintoret, Paris Bordone et Pordenone lui servirent d'exemple ; ses tableaux se répandirent dans beaucoup d'églises et de palais ; il se fit connaître surtout comme vaillant dessinateur, dans un œuvre gravé très-considérable. Bartsch le décrit au nombre de deux cent quarante-trois pièces datées de 1598 à 1626 qui, malgré leur inégalité, décèlent, dit-il, un génie vif et une grande facilité.

Il y a des distinctions à faire dans l'œuvre de Fialetti. Il faut placer en première ligne quelques pièces capitales qui montrent son plus beau choix de dessin, son plus grand soin de pointe : *Les Noces de Cana*, d'après Tintoret, où l'aisance des formes, la carrure des travaux traduisent, dans leur pleine lumière, une des plus belles pages de la peinture vénitienne ; *Saint Sébastien*, estampe d'une touche énergique et colorée ; *Angélique et Médor*, dans sa plus grande finesse de facture ; *Le Portrait du doge Memmo*, montrant le plus vif accent de sa pointe. On remarquera ensuite les pièces qu'il a faites principalement pour les artistes, où il a mis son goût le plus personnel ; ce sont deux suites de principes : *Il vero modo et ordine per disegnar*, Venetia, appresso H. Sadeler, 1608 ; et *Tutti le parti del corpo humano*, etc., où le dessinateur donne sa pratique ; serrant de près la nature et la chargeant en laid, il l'amaigrit plutôt qu'il ne l'idéalise, et il se plaît aux torses musculeux et aux têtes plafonnantes. Dans une autre suite que Bartsch n'a pas décrite : *Della Regola, Misura o Simmetria delle Teste degli Uomini Donne e Fanciulli inventato ed entagliato da Odoardo Fialetti, pittore Bolognese, Venetia 1609, ad instancia de Giusto Sadeler*, il a donné, pour ainsi dire, le secret de sa manière de dessiner, ce qui faisait dire à Zani qu'il avait inventé un nouveau triangle équilatéral pour proportionner les têtes de profil. Le canon de Fialetti consistait en effet dans un triangle pris dans l'oreille, qui devait servir à former toutes les têtes conformément à la nature. Il va sans dire que ce canon ne lui a servi qu'à les former comme il les voyait lui-même. Son plus beau secret a été dans la vivacité de pointe avec laquelle il a su les tracer.

Fialetti a fait de plus des scènes mythologiques et des jeux de Vénus et de l'Amour, *Scherzi d'amore*, qu'il a traités avec négligence, mais où il a toujours montré l'esprit d'un dessinateur amusant. Enfin, on ne regardera pas sans plaisir les ouvrages qu'il a faits pour le commerce : frises guerrières, grotesques, costumes de moines, figures d'escrime. Il ne les a pas gravés avec la correction de Carracci, il y a mis toutefois la fantaisie d'un peintre. Ses motifs sont pris de divers côtés, de Polidoro Caravagio ou de Poliphilo Zancarli ; mais veut-on avoir le cachet du Maître, qu'on regarde l'entête de son livre à dessiner, représentant un atelier : il s'y est gravé lui-même assis, la moustache ébouriffée, devant son chevalet, au milieu de ses apprentis, dont l'un dessine une tête de ronde-bosse comme il les aimait. Une autre petite estampe qui n'est point décrite par Bartsch, nous donne encore *La Peinture*, telle qu'il l'a idéalisée : une jeune femme, la figure émérillonée, dont les atours flottent au vent ; elle est assise sur un quadrige, suivie de la foule de ses servants, à qui elle montre le temple de Mémoire.

6. Plusieurs villes voisines de Venise, que nous avons déjà vues figurer dans l'histoire de la gravure, fournissent encore des artistes dans la période actuelle.

BARTOLOMEO LULMO, de Brescia, n'est connu que par deux ou trois estampes datées de 1565 à 1576 ; elles sont d'un travail inexpérimenté et ne trouvant pas sa voie, mais senti et expressif dans sa rudesse. Dans l'une, *Le Corps du Christ entre les bras des saintes femmes,* le graveur reste sec comme un orfévre et rappelle les vieux Maîtres ; dans l'autre, *Le Calvaire,* il veut imiter le travail de Cort, et malgré sa chaleur il reste pesant et maussade.

Le strapasson le plus décidé de ce côté de l'Italie, fut un artiste original dans sa personne comme dans son talent, PAOLO FARINATO, *degli Uberti*, de Vérone, peintre, architecte, modeleur, graveur à l'eau-forte et maître d'escrime ; on l'appelait, suivant Zani, le *Singe de la nature* et le *Maître à l'Escargot :* il avait pris un escargot pour marque de ses tableaux et de ses gravures, par allusion à la maison des Uberti, famille noble de Florence dont il était issu, et qu'il entendait, dans son humeur bretteuse, porter toujours sur le dos [1]. Dans les estampes qu'il a laissées, au nombre de douze, datées de 1566 à 1604, Farinato a le dessin prompt, la pointe large et légère; il n'imite personne dans ses travaux, il cherche seulement à rendre les effets de ses dessins à la plume. Bartsch trouve que ses figures rappellent les formes et le goût de Paul Véronèse et le mouvement de Tintoret : *La Vierge assise au pied d'un arbre avec les deux enfants et l'agneau devant un fond d'eau et de ruines*, *La Madeleine accroupie contre un rocher*, tiennent sans doute de cette animation puisée dans la nature, que conserva l'École vénitienne jusqu'à la fin du XVIe siècle, et de la vigueur particulière à Tintoret, avec lequel Farinato avait eu quelque accointance par son maître, Nicolo Giolfino; mais les figures les plus marquées de notre graveur, *Saint Jean écrivant son Évangile dans les nues, Vénus groupée avec l'Amour*, ont une envergure qu'on ne peut mettre sous le patronage de ces illustres Maîtres. Les attitudes qui sentent la salle d'armes, où les membres s'arrondissent en se fendant, sont personnelles au Maître à l'escargot, qui semble avoir exprimé toute son humeur dans l'aigle en vedette aux pieds de saint Jean.

ORAZIO FARINATO, son fils, a laissé aussi quelques estampes : dessinateur plus calme et moins original, il eut plus de sûreté et plus d'expression dans la pointe, et représenta plus sérieusement la même manière.

7. GIACOMO VALEGGIO, qui faisait à Vérone le commerce des estampes, mania le burin et la pointe avec plus de distinction que les éditeurs de Venise. La gravure devait trouver un sol propice dans la patrie de Caraglio. GIACOMO VALEGGIO varia son travail comme les marchands; il ne signa pas non plus toujours de la même manière; ses estampes, dont les dates vont de 1572 à 1587 n'ont point été rassemblées et décrites. Dans celles que j'ai pu voir, il m'a paru un peu prolongé dans son dessin et appesanti dans son travail d'eau-forte et de burin,

---

[1] Zani; *Enciclopedia*, part. I, tom. VIII, pag. 275.

bien que toujours correct et suffisamment pittoresque. Il grava des compositions de Paolo Farinato, et Zani cite comme son chef-d'œuvre, *Le Péché d'Adam et Ève*, d'après ce Maître; il composa aussi, et le même auteur lui donne *Le Christ mort entre les bras des saintes femmes. La Vierge sur un trône entre deux saintes au-dessus duquel planent Dieu, le Saint-Esprit et deux anges*, rappelle les formes que Caraglio empruntait quelquefois à Parmesan, et montre aussi une sûreté de pointe toute magistrale. *Vénus dans une conque, au milieu de Tritons et de Néréides*, groupe superbe de sept figures, dont le dessin avait été attribué à Michel-Ange, estampe marquée d'un monogramme formé des lettres I V F réunies, est une eau-forte plus expressive et plus colorée, où les formes vénitiennes prennent un élancement plein d'élégance.

Dans les années qui suivirent, Pasquale Ottini, peintre de l'École de Vérone, rentra dans sa patrie, où il mourut en 1630. Lanzi dit qu'il avait conservé dans ses compositions, un peu languissantes, le beau coloris vénitien; il a laissé une estampe qui fait regretter qu'on n'en signale pas d'autre. *L'Ensevelissement*, seule pièce décrite par Bartsch, appartient par son dessin à ce style facile et naturellement grand des Vénitiens; bien que le travail du burin y ait appesanti beaucoup de parties, la touche en est encore vivement sentie et harmonieuse. Zani, qui a bien connu cette pièce, donne la gravure comme anonyme. Mais à qui a donnerait-on, si ce n'est au peintre qui l'a signée comme inventeur? Elle est d'une facture plus avancée que les estampes d'Orazio Farinato, et moins pittoresque que celles de Fialetti; mais on ne peut pas mettre son auteur bien loin de ces deux artistes.

8. A Ferrare, dont les peintres s'étaient distingués à la fin du XVIᵉ siècle, par l'imitation qu'ils avaient su faire des peintures de tous les Maîtres, Giuseppe Caletti Cremonese, fort habile copiste de Titien, a laissé des eaux-fortes intéressantes. Bartsch, qui les a décrites au nombre de vingt-quatre, a aussi déterminé, mieux qu'il ne fait d'ordinaire, sa manière de graver les plis de ses draperies, jetés en formes rondes, les lèvres supérieures de ses visages sensiblement grosses, et les traits parallèles de

ses ombres; c'est à cause de la singularité de ces hachures, qu'on l'avait
rangé dans l'École de Guerchin. Mariette, qui paraît avoir partagé cette
opinion, comme on peut l'induire de la citation de Bartsch, en était
revenu à dire que Cremonese, quoique formé sur les ouvrages de Titien
et des Dossi, était un homme singulier qui n'eut ni maître ni disciple,
et se fit une manière propre. A le considérer seulement comme graveur,
il est difficile de croire qu'il n'ait pas eu des relations avec Guerchin, qui
avait, dans le temps de sa jeunesse, vers 1520, une École à Cento, dans le
Ferrarais, et qu'il n'ait pas connu les estampes de Pasqualini, faites en
1519, dans le système de travaux parallèles analogue au sien. Du reste,
les figures de Cremonese diffèrent de celles de Guerchin; elles ont
à la fois moins de mollesse dans les formes, et moins de heurté dans les
lumières; aussi les ai-je laissées près de l'École de Venise : elles indiquent
un rapprochement de plus, à une époque où il y en a tant d'autres, entre
cette École et celle de Bologne.

En poursuivant le mélange des Écoles du XVIIe siècle, et sur la limite
même qui en marque le milieu, viendrait se placer encore GIULIO CAR-
PIONI, peintre et dessinateur assez célèbre. Ses eaux-fortes sont
vantées par Mariette, pour leur esprit et leur grâce. Bartsch, qui les a
décrites au nombre de vingt-six, y remarque un travail large et ouvert,
rappelant le faire de Cantarini. Il a copié, en effet, plusieurs fois les
estampes de cet artiste, ainsi que celles de Fialetti. J'ajouterai seulement
que ses travaux sont plus empâtés et plus colorés que ceux de Pesarese, et
que ses figures, dans *La Vierge du Rosaire* et dans *La Tempérance*, ont
des chairs vives que l'on chercherait en vain dans les figures du disciple
de Guido. Carpioni les tenait, sinon d'Alexandro Varotari il Padovanino,
son maître, avec lequel Mariette ne lui trouve aucun rapport de manière,
au moins de son pays natal, Padoue, où il ne cessa de travailler.

VI.

Les graveurs bolonais.

1. Bologne, où les élèves de Raphaël avait transplanté le style romain,
eut aussi ses peintres machinistes et strapassés. Plusieurs pratiquèrent la

gravure ; et leur historique est d'autant plus curieux, qu'il détermine le milieu où naquirent les Carrache.

BARTOLOMEO PASSAROTTI, d'une famille nombreuse d'artistes à laquelle on le voit distribuer paternellement ses biens, ses tableaux, et tous les objets de son riche atelier, dans ses testaments de 1590 et 1592 [1], est le chef d'une Académie, commençant à Bologne au moment où les peintres se séparent des ouvriers, *bombassari*, avec lesquels ils ne formaient auparavant qu'un corps. Il avait vu ses ouvrages célébrés à Rome, et comparés à ceux des plus grands peintres. Lanzi lui attribue le singulier mérite d'avoir, le premier, varié les sujets sacrés par des torses nus. Il était très-habile à dessiner à la plume, et il a laissé un certain nombre de gravures devenues rares, qui mériteraient d'être plus connues. Bartsch en porte la liste à quinze, sans croire les avoir toutes vues. La plus facile à rencontrer, *La Visitation*, gravée d'après la fresque de Salviati, à l'Oratoire de la Miséricorde à Rome, fait connaître sa manière vigoureuse et même un peu brutale, sa pointe grosse mais expressive et colorée, la solidité de son dessin et sa facilité dans l'ordonnance. On le juge de plus près encore dans *La Vierge*, dont il a laissé plusieurs modèles, et dans *Jésus-Christ et les Apôtres*. Ses types ne sont point beaux, ils n'ont rien d'idéal ; ses formes sont lourdes, et ses traits, un peu sauvages, sont pris dans une nature ignoble mais pourvus d'une certaine grandeur. Cette grandeur n'est pas sans affectation, il est vrai, et par là se montre la dégénérescence ; mais une dégénérescence qui se retrempe dans les passions fortes et vulgaires, comme il arrive dans les temps de révolution. Plus d'un artiste, au moment où nous sommes, en fournira des exemples. Je signale, sans avoir réussi à les voir, quelques autres estampes de Passaroti : *La Peinture*, jeune femme ailée, assise et peignant un panneau appuyé sur son genou gauche ; *La Fiancée au lit. La Religion*, que l'on voit au Cabinet de Paris, au milieu de plusieurs estampes de Thomassin et d'autres graveurs, qui n'ont pas servi le Maître en le soumettant à leur burin régulier, présente une figure toute michelangesque, faite

---

[1] Gualandi ; *Memorie risguardanti le belle arti*, S. 3ª, 1842, pag. 179 ; S. 4ª, 1843, pag. 160.

d'une pointe carrée, aérée et pourtant assez riche de tons, qui rappelle
les traits hardis de quelques Français dont on connaît les accointances
avec l'École de Bologne.

2. CAMILLO PROCACCINI, élève et fils d'Ercole Procaccini, qui était
allé de Bologne à Milan fonder l'École éclectique de la Lombardie,
et n'avait point borné là ses études, qui s'était attiré par la multitude et l'éclat de ses peintures, le nom du Zuccharo de la Lombardie
et de rival des Carrache, a montré cette prétention de rivalité jusque
dans ses estampes empreintes de qualités analogues à celles de sa
peinture, de l'inégalité et de la facilité.

La Transfiguration, en deux feuilles, est l'essai le plus considérable de sa pointe, procédant par hachures courtes, épaisses, et par
un pointillé gras, en contraste complet avec la méthode nette et
prolongée des burinistes de l'École de Cort; le dessin a de la
solidité et de l'expression, et ne paraît inférieur aux Carrache que
par sa vulgarité, on pourrait même dire sa brutalité; mais ceux-ci
en profitèrent. *Le Repos en Égypte,* dont le Maître a laissé trois
exemples différemment traités, datés de 1593, montre, dans les mêmes
données, des types vulgaires, non exempts de fadeur, en réaction
pourtant avec les types des Maîtres précédents, qui étaient d'une
élégance affectée; leur exécution inégale ne gagne pas à devenir plus
soignée, comme il paraît surtout dans d'autres pièces, *Saint Antoine de
Padoue* et *Saint François d'Assise*, où le travail plus fin a appauvri
le style.

Procaccini fournit des sujets à plusieurs graveurs, comme Sadeler,
Wierix, David. Villamena est le seul qui, en l'enjolivant, ait su conserver quelque chose de ses airs grandioses.

3. DOMENICO TIBALDI DE PEREGRINIS, à qui Lanzi refuse la réputation
de peintre, malgré les termes de son épitaphe dans l'église de
l'Annonciade à Bologne, *graphides, picturæ et architecturæ insignis,*
a vu sa réputation de graveur presque entièrement absorbée par celle
d'Augustin Carrache son élève; les estampes qu'il a laissées n'indiquent

6

pas en effet qu'il ait eu beaucoup à lui enseigner : elles dénotent, bien qu'en petit nombre, une manière peu fixée. *Le Repos en Égypte*, où l'artiste a placé, par singularité, le Père éternel descendant d'une nue auprès de la Sainte famille, est donné par Zani comme assez mal gravé et comme l'un de ses premiers ouvrages avant qu'il ne se fût appliqué à l'imitation de la taille de Cort[1]. *La Paix*, composition dessinée dans un goût outré, est également gravée d'un burin étriqué dans son allure grandiose. Bartsch cite *Saint François d'Assise* comme une copie composée de deux estampes de Cort. Les pièces attribuables ensuite à Tibaldi et qui portent en effet ses initiales, comme *L'Ascension*, signée Do : P. F. 1588, sont d'une manière si différente des premières et si rapprochée des ouvrages d'Augustin Carrache, qu'on les lui donne généralement, au moins pour une part. L'élève dépasse ici le maître ; celui-ci était de l'école vieillie, membre de la société des *Bombassari et Pittori mediante*[2] et un artiste strapassé, comme on peut le voir encore d'après un dessin à la sanguine du musée du Louvre, qui représente des Bacchants et des Bacchantes avec des formes prolongées et des têtes angulaires.

VII.

Les Carracci.

1. L'aberration du dessin, dont nous avons vu tant d'exemples, devait pourtant amener une réaction. Le promoteur de cette réaction fut LUDOVICO CARRACCI, artiste aux allures lentes, que ses camarades appelaient le bœuf. Il était inhabile, en effet, à exécuter les tours de souplesse des dessinateurs en vogue, mais il n'en était que mieux disposé pour le travail long et l'étude sérieuse. Il fut secondé dans ses efforts réformateurs, par ses deux cousins, Agostino et Annibale Carracci, peintres diversement

---

[1] *Enciclopedia*; part. II. tom. VI. pag. 53.
[2] *Memorie di Gualandi*, pag. 156. 1843.

doués, mais bientôt pénétrés, comme lui, du besoin de réunir l'observation de la nature à l'étude des meilleurs Maîtres. Ils commencèrent leur progrès à Bologne, ville intermédiaire entre les diverses sources des Écoles italiennes, qui, depuis Francia, n'avait pas produit de Maître hors ligne, mais avait envoyé beaucoup d'artistes remarquables aux Écoles étrangères. Ils poursuivirent leur but à Florence, à Parme, à Venise et à Rome, et, ramenés dans leur pays, ils y fondèrent l'Académie *degli Desiderosi*, école de dessin bientôt célèbre par la sévérité et l'étendue de ses études ; et l'Académie *degli Incaminati*, société d'artistes faits et d'amateurs, tous unis par cette pensée que les trois Carrache étaient les seuls restaurateurs de la vraie peinture. Il faut rabattre quelque chose de cet engouement : les Carrache avaient trouvé sans doute un filon nouveau à exploiter, en s'éloignant du naturalisme sans idéal de certains de leurs rivaux, comme de l'idéalisme sans naturel de certains autres ; ils étudiaient la nature pour la rendre, si c'était possible, comme l'avaient rendue Corrège d'abord, leur Maître de prédilection, puis Raphaël, Titien et Tintoret, les imitant tantôt isolément, tantôt ensemble, et cherchant à fondre leurs manières en une seule. Lanzi cite des tableaux où Louis et Annibal avaient réuni plusieurs figures rappelant chacune la manière d'un Maître différent. On connaît le sonnet où Augustin avait résumé les principes de l'École :

> *Chi farsi un buon pittor cerca e desia,*
> *Il disegno di Roma abbia alla mano,*
> *La mossa coll'ombrar Veneziano*
> *E il degno colorir di Lombardia.....*

L'éclectisme ainsi professé, devait refroidir l'inspiration et introduire l'engourdissement et la routine académique ; les Carrache n'en sont pas exempts, cependant ils eurent assez de puissance et d'indépendance dans le talent, et, malgré leur théorie, ils observèrent assez bien la nature pour créer à leur tour et selon leur mode. Nous pouvons le reconnaître dans la gravure, où Louis et Annibal s'exercèrent, où Augustin prima, et où ils firent paraître les qualités de leur École, en variant leur procédé, depuis les esquisses de la pointe la plus libre, jusqu'aux ouvrages du burin le plus achevé.

2. AGOSTINO CARRACCI, en le considérant d'abord dans ses premiers ouvrages, qu'il grava de 1575 à 1580, ne montre rien d'original. Il suit les manières en vogue, copiant les grandes pièces de Cort ou plutôt de Tibaldi, et n'y mettant pas plus de distinction que les graveurs ordinaires de cette École ; comme dessinateur il garde encore les pratiques outre-passées des Maîtres de Bologne qui lui servent de modèle, Sabbatini, Sammachini. Dans une pièce rare, citée par Mariette comme une des belles choses d'Augustin, il n'a pas craint de se rapprocher de Goltzius. Il s'essaya aussi dans de petites pièces d'après Barocci, et prit alors des allures plus libres, rapprochées de celles de Vanni et de Strada. C'est au contact de l'École vénitienne que son burin acquit de plus grandes qualités et une plus complète originalité de travail. Les estampes qu'il produisit d'après Tintoret, d'après Paul Véronèse, sont d'une franchise et d'un effet que le burin, dans ses allures réguliè-res, avait perdus. Il suffira de citer *Les Trois Marie et Saint Jean aux pieds du crucifix*, et *La Vierge étendant les mains sur deux frères*. Ce ne fut aussi qu'après son séjour à Venise qu'Augustin, revenu à Bologne, y peignit ce tableau de la communion de saint Jérôme, qui émut tous les jeunes peintres, et qu'il fonda avec son cousin Louis et son frère Annibal, cette Académie *degli Desiderosi* (*per l'ardente desiderio che in tutti s'accendeva di rendersi gloriosi nell'arte*) qui renouvela les études.

Bientôt cependant, Augustin, appelé à Rome par son frère et entraîné à la pratique de la gravure régulièrement travaillée, que le goût public exigeait, prit pour originaux les Maîtres les plus célèbres de toutes les Écoles. Son dessin, souple et fort, se prêtait à tous les styles ; sa science et sa correction, la solidité de ses contours, la perfection des extrémités le mettent déjà hors ligne ; il eut de plus, comme caractère personnel, une carrure et un sans façon dans la grandeur, qui tranchent avec les habitudes de toutes les Écoles de son temps. Il inventa beaucoup aussi et montra de l'imagination, même en gravant d'après les autres ; cependant il lui manqua toujours la distinction et l'originalité véritables. Ce n'est pas à un éclectique instruit et laborieux comme lui, travaillant pour les artistes et les amateurs, pour les marchands et les libraires, même pour les moines, qu'il faut demander des types neufs et une manière qui n'ait pas de précédents. Le Christ d'Augustin Carrache, autant qu'on peut en juger d'après quelques modèles qu'il a pu inventer, est commun et non exempt des pratiques de ce temps : bas quand il est pris d'après nature, doucereux quand il cherche l'idéal mis à la mode dans les Écoles influencées par les Jésuites. La Vierge, dont il a multiplié davantage les exemples pris sur des modèles robustes et certainement bolonais, donne un type plus distingué, qui a du calme, de la force, bien qu'il n'atteigne pas à l'idéal des Écoles premières du XVIe siècle. Il suffit de citer dans son œuvre, d'ailleurs bien connu, *La Sainte famille*, datée de 1597 ; cette estampe donne dans sa plus haute expression comme dans sa plus belle facture, la manière du Maître.

Augustin fut loin de se borner aux sujets religieux, comme plusieurs graveurs des Écoles que nous venons de voir. Il fit à toutes les époques de sa vie, de petites pièces plus ou moins travaillées au burin, sur des sujets variés où s'exerce très-librement sa verve. On trouve dans les *Lascivie,* des Nymphes et une Vénus d'un dessin solide et hardi, avec des formes aussi peu choisies que peu idéalisées. Les vignettes de la Jérusalem du Tasse, d'après Castello de Gênes ; les devises pour les poésies *degli Academici gelati,* ses scènes théâtrales gravées pour les fêtes du mariage de Ferdinand de Médicis, montrent aussi les ressources de son talent ; Le dessin s'y enjolive, sans perdre sa correction et sa solidité naturelles. Son burin garde de la franchise et du goût dans les sujets les plus petits et dans les pièces de simple ornement ; on en voit le plus curieux échantillon dans l'estampe où il représenta *Un Esmouchoir* orné d'un buste de Diane et d'un paysage historié de la fable de Salmacis, au bas de laquelle il esquissa encore des médaillons mythologiques. Augustin grava plusieurs portraits d'un intérêt historique, et son burin sobre y obtint le modelé et l'expression par des travaux variés, quelquefois fins, d'autres fois larges et gras. On n'est point certain qu'il ait gravé précisément des sujets familiers, si ce n'est *Le Vieillard et la fille, ogni cosa vince l'oro,* et le portrait de son chien, où son burin velu se reconnaît assez ; mais il fournit à des graveurs de son École, comme Stephanoni, des figures d'escrocs et de vagabonds, dans lesquelles était énergiquement saisi le caractère de grandeur que la nature italienne laisse à ses types les plus infimes. Rien de pareil ne s'aperçoit dans les gueux des Maîtres des Pays-Bas : aussi les cris de Bologne, même dans les traductions de Guillain et de Mitelli, sont-ils restés classiques. On connaît le mouvement que les Carrache donnèrent au paysage par leurs dessins, qui servirent de guide à divers graveurs Bolonais et Français ; Mariette a signalé avec son tact ordinaire, leur mérite et la nuance de manière qu'y montrèrent Augustin, Annibal et Louis. Je me garde d'entrer dans cet ordre de compositions, qui m'éloignerait trop de mon but, bien qu'il fût intéressant d'y montrer aussi la réaction apportée par ces artistes dans l'étude de la nature ; j'aime mieux appeler l'attention sur leur livre de principes, *Esemplare del disegno in gratia dei principianti*, dont on a plusieurs éditions publiées par Stephanoni et Orlando, auxquelles travaillèrent leurs élèves Luca Ciamberlano et Francesco Briccio. L'académisme de Bologne y fixe ses méthodes et y fait poser ses modèles, avec une régularité dont ne s'étaient nullement avisées les Écoles du XVIe siècle. Bien que ces exemples aient de la correction et de la sève, que les têtes de femme en particulier y aient un profil droit, un œil profond et des traits accusant carrément le type de Bologne, on n'en pressent pas moins la facilité de pratique et la banalité de types où ils durent acheminer les artistes ; c'est ce qui paraît surtout aux nombreuses imitations qui en furent faites dans les autres Écoles, par Collignon et Poilly. Mariette, qui a vécu au milieu de cette dégénérescence, ne s'en est pas aperçu lorsqu'il a dit de ces études des Carrache, qu'elles seraient capables de rétablir la peinture dans sa pureté, s'il était possible qu'elle tombât.

3. ANNIBALE CARRACCI, plus grand comme peintre, fut un graveur moins déterminé ; de là des qualités particulières dans le petit nombre d'estampes à l'eau-forte qu'il a laissées, l'esprit et l'expression qu'il a donnés à des types analogues dans des compositions de moins de métier. *La Sainte famille à l'écuelle* (il y en a plusieurs, toutes variées dans leur exécution)

est d'un dessin précis et expressif dans ses formes épaisses, et d'une gravure très-habile malgré sa liberté. Dans *Suzanne surprise par les vieillards,* on trouve encore beaucoup d'expression obtenue sous des formes ignobles dans leur carrure, et le burin y est d'un gras très-pittoresque. En cherchant plus d'agrément et de finesse dans *Antiope et Jupiter en Satyre,* le Maître n'en montre pas moins avec quelle passion il s'était retrempé dans l'étude de la nature observée dans toute sa crudité. Ces essais de gravure ne contiennent pas le génie entier d'un Maître que Poussin plaçait au premier rang immédiatement après Raphaël ; on peut y voir cependant à découvert ce qui lui manqua du côté de l'inspiration. Son dessin, bien que Mariette le dise avec raison un des plus fiers qui aient jamais été, manifeste dans plus d'un trait, un défaut de distinction. Ottley l'avait bien remarqué en étudiant ses dessins ; tout en admirant la manière dont il dessinait le nu, il avait observé que dans les contours de ses figures nues, principalement dans celles d'un caractère robuste, la ligne convexe exprimant le gonflement d'un muscle était suivie d'une ligne concave, plus fréquemment que ne le justifie l'observation des statues antiques et des modèles vivants ; cet état n'arriverait qu'alors que les muscles de ce modèle seraient relâchés par suite d'un manque habituel d'exercice [1]. On peut vérifier l'observation sur plus d'une estampe d'Annibal ; je ne peux assurer en ce moment si elle porte aussi sur cette estampe de la soucoupe de *Silène,* dont Mariette trouvait le dessin et les expressions poussés à leur dernière période. Je rappelerai seulement, à propos du Dieu obèse, qu'Annibal, pour le représenter dans une bacchanale de la galerie Farnèse, n'avait eu qu'à prendre la figure même de son frère Augustin [2].

4. LUDOVICO CARRACCI, le plus ancien peintre de la famille, n'en est que le moindre graveur ; mais, dans les cinq ou six pièces de sujets pieux

---

[1] *The Italian school of design.* London, 1823, in-folio.
[2] Bellori ; *Le vite de pittori, etc.* pag. 113, in-4°. Roma, 1672.

qu'il a laissées, on trouve tracé, avec plus de petitesse peut-être, mais avec plus de soin et de pureté, le type de l'École. *La Vierge allaitant*, de 1598; *La Vierge* datée de 1604, mais qui est, selon la remarque de Mariette, antérieure à cette date; *La Sainte famille*, sont gravées d'une pointe légère, prolongée avec adresse et pointillée dans les chairs; il paraît plutôt, dans sa facture, se rapprocher de Barocci que de ses cousins; mais, dans son dessin, il eut son ingénuité, retrouvant presque dans la façon naturelle de ses types, le calme et la majesté des grandes Écoles. Augustin et Annibal, dans leur lutte avec les naturalistes de leur temps, déployèrent plus de force sans doute, mais ils ne gardèrent pas la même distinction. Lanzi rapporte, et le fait est important à noter pour l'histoire des types, que Louis reproduisit souvent dans ses Vierges une beauté célèbre de son temps à Bologne, *La signora Giacomazzi*. On a noté dans la biographie des trois Maîtres de Bologne, qu'ils ne furent pas mariés, et l'abbé Lanzi les loue naïvement de ne pas s'être laissé troubler dans l'exercice de leur art par le babil d'une femme. Ils n'en ont pas moins su bien choisir leur beauté. De patientes études d'après les Maîtres de Venise, de Rome et de Parme, auraient été stériles s'ils n'avaient aimé quelque Bolonaise, la Giacomazzi et d'autres, dont le grand regard, la forte encolure et les contours convexes à l'excès, sans doute ont servi de base à leur idéal.

Pour saisir toutes les inspirations qu'ils reçurent, il faut de plus songer au grand poète de leur temps : Le Tasse; lui aussi créa son épopée, en s'affranchissant de la fausseté des Écoles de son temps, et en s'astreignant à une correction jugée inutile par tant d'autres; il n'atteignit pas sans doute à la sublimité du vieux Dante, ni même à la simplicité et à l'imagination d'Arioste. C'est vainement que le poète s'écrie :

El sol nel mezzo giorno
Vie più che nel mattin luce e fiammegia.

Mais, comme les fondateurs de l'École de Bologne, il créa, avec une grâce savante en artifices et une expression raffinée, des modèles pour plusieurs générations de poètes et artistes. Voici les traits de Sophronie,

sous lesquels le poète se représentait Léonore d'Est ; ils sont la plus
fidèle expression de la beauté des Carrache :

> Vergine era fralor, digia matura
> Verginita, dalti pensieri e regi
> Dalta belta, ma sua belta non cura.

CANTO II, 14.

VIII.

Les Élèves des Carracci.

1. Bartsch a cité un grand nombre de graveurs approchant d'Augustin
Carrache, et auteurs de pièces qui pourraient être prises pour des productions du Maître lui-même ; il en est que j'ai déjà placés dans d'autres
Écoles. Je ne rangerai ici que ceux qui s'assujettirent immédiatement à
l'École de Bologne, sans m'occuper de plusieurs qui accidentellement lui
ont fait des emprunts, à plus forte raison des autres, en nombre infini, qui
dans toutes les Écoles gravèrent d'après les compositions des Carrache.

FRANCESCO BRICCI ou BRIZZIO, peintre et littérateur, dessinateur à la
plume d'architecture et de paysages, l'un des membres de la société des
bombasari e pittori de Bologne, ouvriers et artistes qui firent leur sépa-
ration en 1602, paraît avoir été employé dans l'atelier de Louis, à la
composition des fabriques et des monuments de ses tableaux. Il maniait la
pointe et le burin avec une grande habileté ; il a gravé plusieurs pièces
religieuses, des armoiries historiées et des frontispices, la plupart sur les
dessins de Louis. *La Vierge donnant à têter à l'enfant Jésus*, 1595 ; et *Le
Repos de la fuite en Égypte*, d'après Corrège, montrent un modèle doux
et gracieux dans le large développement de ses lignes, bien que chargé de
draperies, selon l'habitude trop constante des Carrache. Le burin, sans avoir
le moelleux et la dextérité de celui d'Augustin, est facile, fin, expressif,
et se laisse volontiers aller à la mignardise et à l'enjolivure : c'est à lui
que fut dévolue la tâche de graver la représentation du mausolée que
l'Académie des *Acheminés* érigea aux funérailles de son fondateur.

7

2. PIETRO PAOLO BONZI, appelé *il gobbo dei Carracci*, le plastron des charges de leur atelier, peintre d'histoire, de paysages et de fruits, a gravé à Rome, vers 1590, quelques pièces dont Bartsch avait méconnu le monogramme, formé des initiales de son nom, en l'attribuant à Cavedone ; sa pointe plus grosse est pittoresque, et ses figures plus laides ont un accent tout magistral. Il suffit de citer, entre les quatre estampes qu'on connaît, *La Vierge assise sur des degrés tenant l'enfant Jésus qui se retourne vivement vers sainte Catherine*. Il se rapproche, par l'intensité d'expression et l'épaisseur des contours, de la manière d'Annibal, dont il fut plus particulièrement l'élève.

FRANCESCO CARRACCI, appelé *il Franceschino*, neveu d'Augustin et d'Annibal, qui mourut à 27 ans sans avoir pu remplir une carrière de peintre et de graveur commencée, à ce qu'il paraît, en antagonisme avec ses oncles, a laissé quelques estampes : *Une Vierge*, d'après Augustin, que je regrette de ne pas connaître ; quatre médaillons de célébrités féminines : *Artemisia*, *Semiramis*, *Portia*, *Lucrecia*, qui, dans leur petite facture et leur plus petite beauté, appartiennent au côté le moins sérieux de l'École de Bologne. Ce sont probablement les princesses qui aidèrent le Franceschino à perdre sa jeunesse et son talent.

3. GIOVANNI LUIGI VALESIO, peintre, miniaturiste, poète, et de plus maître de luth, de danse et d'escrime à Bologne, a gravé, de 1601 à 1639, plus de cent pièces qui se font remarquer par un burin solide et travaillé. Il vulgarisa, en les rendant plus proprement, les figures et les ornements d'Augustin. *La Vierge avec l'enfant Jésus*, auprès desquels vient voleter un ange, a des traits arrondis et une modestie d'apparat ; *Vénus fouettant l'Amour*, beauté jeune et solide, est dessinée avec aplomb et gravée avec une habileté un peu pesante. C'est surtout dans les principes qu'il publia à Rome chez Andrea Vaccario : *I primi elementi del disegno*, en vingt-quatre pièces, qu'on aperçoit combien, tout en restant graveur assez vigoureux, il rapetissa et appauvrit les types des Carrache, en les proportionnant aux modèles élémentaires des académies de dessin.

OLIVIERO GATTI, appelé *il Bolognino* bien qu'il fût de Plaisance, sans s'asservir à une aussi grande symétrie de tailles que Valesio, sut donner à ses figures d'excellents mouvements. Il a produit une grande quantité de pièces, parmi lesquelles il y a beaucoup d'emblèmes insignifiants. Bartsch en décrit cent quarante, de 1602 à 1628. *La Création de l'homme*, d'après Pordenone; *Judith*, *La Vierge*, d'après Garbieri, montrent sous une facture suffisamment pittoresque dans sa négligence, la franchise d'expression, vulgaire dans l'École d'Augustin; les grandes figures emblématiques d'une *Armoirie*, traduisent vivement la manière svelte et grandiose de Louis.

4. MARCO ANTONIO BELLAVIA est le graveur reconnu de deux suites de pièces publiées à Rome, par Vincent Billy, auxquelles un éditeur postérieur, Venanzio Monaldini, ajouta frauduleusement les initiales d'Annibal. A ne considérer que ces gravures, on ne s'étonne pas qu'elles aient été prises pour des productions de l'École : le dessin en est solide, la pointe habile et approchant de celle de Carrache, quoique plus brillantée. *La Vierge peinte par saint Luc*, *La Magdeleine* penchée sur le crucifix, montrent des figures pleines de franchise, où l'expression toutefois n'a plus l'appropriation et l'intensité des Maîtres de Bologne.

Bellavia est donné par Orlandi comme Sicilien, peignant avec les élèves de Pietro di Cortona; il serait alors d'une époque bien plus avancée de l'École romaine du XVIIe siècle et postérieur à la date de 1600, qu'on lui assigne ordinairement et qu'indiquent, en effet, ses estampes. Elles n'ont pas de date, mais elles portent, dans leur premier état, plusieurs fois les initiales M. A. B. I., et une fois *Marcus Antonius Belavia in.* Mariette n'a pas porté son attention sur cette difficulté.

5. Un artiste fort supérieur à ceux que je viens de nommer, GIOVANNI LANFRANCO, dont je n'ai point ici à apprécier la manière comme peintre, qui, au sortir de l'École d'Augustin et d'Annibal, avec un génie prompt et facile, fit retomber l'art dans un système d'adresse mécanique et superficielle, a laissé dans la gravure une trentaine de pièces. Ce sont, la plupart, des études d'après les loges de Raphaël, qui parurent à Rome en 1607, chez Giovanni Orlandi, dédiées à Annibal Carrache, et qui se

recommandèrent auprès des artistes par leur travail rapide et un dessin accusé. Le coup de main du dessinateur et du graveur semble retremper les fresques du Maître, et donner aux têtes et aux gestes un accent qu'elles ont perdu sur les voûtes des loges, où elles sont exposées depuis si longtemps aux intempéries et aux restaurations.

Sisto Rosa Badalocchio, condisciple moins illustre de Lanfranco et son collaborateur dans la gravure des loges du Vatican, traduisit avec la même intelligence, Raphaël et Corrège. Élève privilégié d'Annibal et, selon le témoignage même de son maître, dessinant mieux que lui [1], il mania la pointe avec une facilité pleine de style et d'agrément, bien qu'il négligeât toujours d'avancer et d'arrêter ses estampes. Le Corrège, qui manqua de graveur contemporain, fut étudié de prédilection, comme on sait, dans l'École des Carrache, et nul ne saisit mieux que Sisto Rosa, ses mouvements amples et gracieux qui plafonnent dans la coupole de Parme. Jean-Baptiste Vanni et Domenique Bonavera, qui l'ont gravé ensuite avec plus de soin, n'ont pas su lui conserver la même grâce.

IX.

Les graveurs naturalistes.

1. La réaction amenée dans le dessin par l'étude de la nature, ne devait pas s'arrêter aux éclectiques. Des artistes d'un tempérament plus sanguin, en tête desquels se plaça Michel Angiolo Amerighi il Caravaggio, répudièrent le choix de beaux modèles et les instincts d'élévation des Carrache, se déclarèrent surtout en opposition violente avec l'idéalisme brillanté de Josepin, et inaugurèrent dans la nature un naturalisme exclusif, une énergie exagérée jusqu'à l'ignoble et au ténébreux. La manière des naturalistes ne fut point aussi favorable à la gravure que celle de leurs antagonistes : elle était trop crue et trop heurtée, pour se prêter aux

---

[1] Lettre d'Agucchi, du 12 décembre 1609.

procédés patients du burin et aux effets légers de l'eau-forte. Il ne sortit de leur École que quelques graveurs isolés, à Rome où Caravaggio s'était d'abord établi, et à Naples où il s'était réfugié.

Caravaggio a lui-même gravé à l'eau-forte deux pièces où sa manière est vivement marquée ; ce sont trois figures en buste, un saint, un soldat et une maritorne, qui sont censés représenter *Le Reniement de saint Pierre*, daté de 1603, qu'il esquissa d'après le premier corps-de-garde venu ; et quatre figures prises jusqu'aux genoux, représentant *L'Incrédulité de saint Thomas*. Le travail plus complet y accuse en traits bruts les types bas et énergiques où il prit son Christ et ses Apôtres. Entre les graveurs qui se faisaient les sectateurs du Caravage, le Français Fatoure, que nous rencontrerons à l'École de Dubreuil, est celui qui m'a paru rappeler le mieux cet essai vigoureux du Maître.

2. ORAZIO BORGIANI, peintre formé dans l'atelier de son frère, le sculpteur *lo Scalzo*, et à l'Académie de Rome, n'était ni l'élève ni le camarade de Caravage ; nous pouvons même lire, dans Baglione, le récit d'une de leurs rixes au Corso, mais ce n'était sans doute qu'une rivalité entre naturalistes. Borgiani avait été en Espagne, où ses peintures sont encore citées [1] ; il était patronné par les fonctionnaires espagnols résidant à Rome, et ses estampes, qu'il produisit de 1610 à 1615, se classent à l'École dont il est maintenant question. Ses eaux-fortes, d'après *La Bible des loges*, moins magistralement dessinées et plus petitement travaillées que celles de Lanfranco et de Badalocchio, appartiennent aussi, par la vulgarité des types et leur parti pris d'effet, à une poétique opposée. Ce n'est point ce qu'il a fait de mieux : il faut citer comme son chef-d'œuvre, *Le Christ mort pleuré par les saintes femmes*, d'après le tableau qu'il avait peint pour l'ambassadeur d'Espagne, eau-forte d'une puissance d'exécution et d'expression extraordinaires ; le raccourci violent de la figure principale, l'étude des rugosités de la peau et

---

[1] Missirini; *Les Arts italiens en Espagne*, pag. 66, in-folio. Rome, 1824.

de la rigidité des muscles, les coups de lumière projetés sur cette tête du Christ, que la mort a déjà décomposée ; et sur cette tête de la Vierge, où la douleur même ne tempère pas la rudesse, indiquent le peintre luttant d'énergie avec Caravage et Ribera. On cite encore de Borgiani, *Saint Christophe* et *La Cène*, d'après Caravage, que je n'ai point rencontrés.

3. GIUSEPPE RIBERA LO SPAGNOLETTO, le plus fameux mais non le moins effréné des disciples de Caravaggio, montra dans la gravure, qu'il n'a exercée cependant que par boutades et dans une vingtaine de pièces, la vivacité et la brutalité de son génie. Il est, dans ces eaux-fortes, tantôt délié et expressif, tantôt sale et désordonné ; mais toujours d'une correction irréprochable et d'un effet saisissant.

La Vierge et la Madeleine qui s'abîment de douleur auprès de *Jésus descendu de la Croix*, sont des figures où la rudesse de la pointe ne fait que servir la rudesse de la physionomie et la grossièreté des draperies ; et le Christ a ce type de maigreur osseuse et d'expression patibulaire, inconnu avant l'École qui prenait ses modèles dans les brigands des Maremmes ou de la Calabre. L'estampe de *Suzanne surprise par les vieillards*, est traitée avec plus de finesse et donne une beauté souple et brillante. Mais, aux sujets élevés ou riants, Ribera préfère *Saint Jérôme* étalant ses chairs ridées par le froid et l'abstinence ; *Marsyas écorché, Silène* traînant son ventre bouffi et ses joues efflorescentes ; en traitant les figures les plus repoussantes sa pointe obtient, au moyen de quelques traits hardis, de pointillements légers, d'ombres intenses et de clairs bien ménagés, au moyen surtout du tact avec lequel il sait accuser les détails les plus difficiles, une puissance de réalité toute nouvelle dans les eaux-fortes. Ce sentiment le suit presque dans ses principes de dessin qu'il a voulu graver en opposition avec ceux de Carrache, où les simples traits du corps humain rendus plutôt dans leur laideur et leur souffrance que dans leur vérité, prennent encore tant de grandeur.

4. L'influence de l'Espagne sur l'Italie est une circonstance qui influença le développement des arts du XVIIe siècle. On en trouve à Rome

plus d'une preuve , particulièrement dans l'École dévote; à Naples , que Philippe III tenait alors en vice-royauté, contrée plus rapprochée de la péninsule par la chaleur du sang , cette influence prend un degré d'intensité de plus dans l'École des naturalistes, bien propres à servir les goûts de culte matériel et de sentiment outré , que les Castillans joignent toujours à leur mysticisme. L'Espagne et l'Italie font alors échange continuel de peintres.

TEODOR FILIPPO DE LLANOS ou LIAGNO , appelé le petit Titien et le Napolitain, qui travailla à Naples et à Madrid et peignit principalement des portraits et des batailles, a laissé des eaux-fortes dont Bartsch trouve le dessin parfait, la pointe facile et spirituelle. On connaît ses petites figures de caractère et de costume, d'une tournure si accentuée ; il fit encore une suite de squelettes d'animaux; mais sa manière, toute dans la donnée brutale et chaleureuse des naturalistes, se manifeste avec plus de spontanéité et d'ampleur dans des estampes plus communes sans doute en Espagne qu'en France : *Saint Jean prêchant dans le désert* , que je n'ai vu qu'en passant, au Cabinet de Berlin; et *La Nymphe et le satyre*, que je cite d'après Bartsch.

5. Deux peintres de l'École de Caravage, CARLO SARACENO, de Venise, et FRANCESCO BURANI, de Reggio, sont encore cités dans les dictionnaires des graveurs; mais une estampe contestée pour le premier et une estampe d'une originalité douteuse pour le second [1], ne constituent pas des titres assez importants pour que je m'y arrête ici. Je terminerai ma revue des graveurs naturalistes, par quelques mots sur ANGELO ou ANIELLO FALCONE, élève de Ribera, que sa peinture de prédilection avait fait surnommer l'*Oracolo delle battaglie*, et qui joua un rôle violent dans la révolution de Masaniello, comme chef d'une compagnie de la mort.

Mariette loue beaucoup les tableaux qu'il avait faits en France, où il s'était réfugié en 1647 ; mais ne parle pas de ses estampes. Bartsch les a

---

[1] Voyez Zani ; *Enciclopedia*, part. II, tom. VI, pag. 48, à propos du *Repos en Égypte* de Saraceno. Leblanc ; *Manuel*, tom. I, pag. 545, sur *Le Silène*, de Burani.

équitablement appréciées, et les a décrites au nombre de vingt. Falcone eut un dessin mouvementé, mais moins sûr que celui de Ribera, et un travail de pointe rapide, qui a du nerf et de la moelle. La femme couchée au-dessus d'un *Tombeau couronné d'une Madone*, *La Victoire* marchant sur des trophées, *Les Néréides*, ont des formes plus attrayantes que les types ordinaires des naturalistes; on se souvient, en les voyant, que l'artiste avait aussi reçu des conseils de Josepin; mais, dans *La Nymphe, le Satyre et l'Amour au milieu de rinceaux*, on retrouve toute la brutalité de Ribera et la passion de naturalisme que Salvator Rosa, le bruyant élève d'Angelo Falcone, prolongera longtemps encore.

X.

Guido Reni et ses élèves.

1. Pendant que le Caravage remuait tous les ateliers de Rome, l'héritage des Carrache s'était divisé. Des peintres, doués de facultés diverses, devaient tirer des conséquences diverses de leurs principes. GUIDO RENI, qui parut un moment, comme le témoignent ses premiers tableaux, séduit par le fracas des naturalistes, s'était ensuite fixé dans un idéal particulier qui consistait plutôt en une abstraction raisonnable que dans une conception exaltée de la nature. Il avait trouvé une beauté où les formes prises dans la Niobé antique se rencontraient modifiées par une douceur toute moderne, et il avait multiplié sur ce type les Vierges et les Cléopâtres que nous voyons, dans tous les musées, charmer les délicats par leur idéalité et leur ton gris argenté. Dans la gravure, qu'il pratiqua et fit pratiquer autour de lui, il n'eut pas d'autre parti à prendre que de réagir contre le heurté et l'ignoble de Caravage, et contre le grandiose de Lanfranc. Ses eaux-fortes, datées de 1595 à 1610, rendent les qualités principales de son style avec une sève, une spontanéité que sa peinture laisse souvent regretter. La Vierge, que Guido Reni a représentée seule et sous d'amples vêtements, ou accompagnée, dans des Saintes familles, d'un naturel de

composition charmant, est douée d'une grâce décente, d'une expression où, sous des traits toujours jolis, la froideur et la fadeur percent plutôt que la vivacité et l'amour. L'insignifiance du type est plus marquée dans son Christ, à figure blême, qui, malgré la dimension des yeux, n'a qu'une expression superficielle. On en peut juger aussi bien dans *Le Buste du Sauveur*, que dans l'admirable estampe de *La Samaritaine*, que l'éditeur Stefanoni attribua frauduleusement à Annibal Carrache, en substituant la date de 1610 à celle de 1595 ; celle-ci ne se rencontre que dans les premières épreuves, qui sont anonymes.

Le caractère de douceur qui fait le fond de la manière du Guide se remarque aussi sur ses figures nues ; et là, le défaut de vigueur et d'accentuation de son dessein est plus sensible encore. *Saint Christophe*, fort beau sujet d'académie, est traité avec un agrément qui nous porte à l'extrémité opposée des naturalistes, sans que les chairs manquent pourtant de vérité et de rendu. Une grande supériorité reste acquise aux estampes de Guide pour le travail de sa pointe, claire, négligée sans saleté et suffisamment appuyée dans les travaux les plus faciles, pour obtenir des effets d'un charme radouci qui n'appartient qu'à lui.

2. SIMONE CANTARINI IL PESARESE suivit si bien la manière du maître auquel il s'était attaché, après en avoir essayé d'autres, que ses dessins pouvaient passer pour être de la main du Guide, et que ses eaux-fortes lui sont encore attribuées : le nom du Maître, ajouté frauduleusement aux états postérieurs des estampes de l'élève, est venu rendre l'erreur plus facile. Les connaisseurs ont surtout vanté le Pesarese, pour le mouvement gracieux de ses têtes, et ils ne l'ont jugé inférieur au Guide que dans le jet des plis de ses draperies. Il varie agréablement le même thème : La Sainte famille, dans le loisir de la maison et dans le repos en Égypte, les Saints en extase, et de rares sujets mythologiques. *La Fortune*, une de ses plus heureuses créations, est, avec ses formes un peu coulantes, la plus significative expression qu'on puisse citer de ce talent, qui ne put être que le reflet d'un autre.

3. ANDREA SIRANI, sa fille ELISABETTA, son élève GIROLAMO SCARCELLI,

Lorenzo Lolli, appelé *Lorenzino di Guido*, Giambatista Bolognini, Domenico Maria Canuti, pour ne parler que de ceux qui ont travaillé avant 1650, furent tous des élèves du Guide. En propageant sa manière dans les tableaux des églises de Bologne, ils l'appliquèrent encore dans la gravure, variant ses types et ses procédés dans une mesure fort étroite, avec des nuances qu'une monographie scrupuleuse pourrait seule saisir. Je me bornerai à noter *L'Assomption de la Vierge*, gravée par Lorenzino, d'après Sirani, où la douceur du Maître dégénère en une véritable langueur, où la pointe ne sait plus exprimer que de pâles couleurs; et *Le Massacre des Innocents*, gravé par Bolognini, d'après Guide, où le graveur n'a pu rendre ce sujet poignant qu'avec des figures qui crient et s'agitent sans passion propre et sans force virtuelle. Beaucoup d'autres pièces de ces graveurs révéleraient pourtant, si j'avais à les analyser ici, l'expression naturelle et tendre, le faire léger et caressant qui furent propres à l'École. Ils communiquèrent quelque chose de leur manière à plusieurs graveurs français et notamment à un Florentin qui était venu à Rome en 1623, Della Bella, que j'ai placé dans l'École française.

XI.

Il Domenichino. Il Guercino.

1. Domenico Zampieri il Domenichino, l'élève le plus accompli des Carrache, le plus pur et le plus expressif des peintres éclectiques, que Poussin jugeait l'un des plus grands après Raphaël et que le Guide plaçait quelquefois au-dessus, n'obtint pas de son vivant les succès brillants de ses rivaux, et n'eut qu'une École peu nombreuse. Il ne grava pas, à moins qu'on ne compte son portrait, petite tête à l'eau-forte d'un effet spirituel, qui lui est quelquefois attribuée, et il trouva autour de lui peu de graveurs. Andrea Camassei et Francesco Cozza, peintres cités pour leur fidélité envers le Dominiquin, dont ils copièrent et terminèrent plusieurs ouvrages, sont cependant donnés comme tels : le premier, pour deux pièces que Bartsch trouve faites d'une pointe peu exercée, mais montrant du goût dans la composition; le second, pour cinq estampes

datées de 1630 à 1650, que Bartsch dit gravées à l'eau-forte, dans un goût approchant de celui de Pietro del Po. Un artiste moins connu, JACOPO MARGOTTINI, a encore gravé dans un goût analogue *Les Six vertus chrétiennes*, d'après les peintures célèbres de Saint Andrea della Valle.

PIETRO DEL PO, né en 1610, put encore fréquenter l'atelier du Dominiquin et suivre dans la gravure les traces de Cozza ; ses estampes, publiées après la mort du Maître, sont dessinées avec correction et terminées avec patience : un pointillé moelleux adoucit trop constamment les traits de la pointe et du burin ; elles rendent avec assez d'harmonie des compositions où se montre un génie plus perfectionné qu'imaginatif, mais elles sont bien loin de traduire sa science dramatique. Nous n'y chercherons pas les types du Maître, bien qu'il ne fût pas impossible d'y surprendre plus d'un trait, et jusqu'à ces nez camus, qui, au dire de Lanzi, caractérisent les figures du Dominiquin et leur donnent de la grâce ; Pietro del Po appartient à un temps plus avancé de l'éclectisme, il a gravé d'après Poussin, et nous sortirions des limites de ce travail en indiquant toutes les sources de dessin et de gravure où il a puisé.

2. GIAN FRANCESCO BARBIER, IL GUERCINO DA CENTO, bien que n'appartenant pas immédiatement à l'École des Carrache, se forma d'après leurs tableaux et suivit une méthode analogue, comparable d'un côté au Guide, dont il se distingue par un sentiment plus vif, un relief plus accusé, des lumières plus contrastées ; de l'autre, au Caravage, dont il s'éloigne par son genre plus gai et ses expressions plus agréables. Il ne fallait, pour rendre cette peinture vive, ni les traits de pointe repliés du Guide, ni le pointillé du Dominiquin. Guerchin marqua lui-même dans de nombreux dessins les façons les plus favorables à son genre, et il a laissé quelques morceaux à l'eau-forte, touchés avec le même esprit, dans un système tout particulier de traits allongés, qui rendent quelque chose de ses effets piquants de physionomie et de lumière.

GIAN BAPTISTA PASQUALINI, dessinateur habile, formé dans l'Académie que le Guerchin avait établie à Cento, dans le duché de Ferrare, en précisant les dessins du Maître, eut le don de fixer la gravure la plus favorable

à sa manière : elle consiste en un système de hachures parallèlement
menées, accusant les méplats et les ombres par un élargissement du
trait plutôt que par un croisement, et donnant aux corps un aspect
moiré. Pasqualini ne se tint pas toujours exclusivement à ce travail
singulier, mais on le trouve adopté dans l'estampe de *Jésus à Emmaüs*,
datée de 1619, tel que le pratiqua avec tant de succès, cinq ou six ans
plus tard, Claude Mellan. Dans d'autres pièces, où son burin prend des
traits plus variés, il emprunte toujours à ce système ses principaux
effets ; c'est ainsi qu'il a su traduire, malgré la dureté de son outil, l'effet
lumineux ou ombré de son modèle.

3. GIAN FRANCESCO MUCCIO, neveu du Guerchin et peintre connu par
ses bonnes copies; LODOVICO LANA de Modène, FRANCESCO CURTI de
Bologne, et BERNARDINO CURTI de Reggio, sont encore comptés parmi
les disciples du Guerchin qui pratiquèrent la gravure; je ne connais de
Muccio que l'estampe de *Cléopâtre*, qui, toute maigre de dessin et toute
sèche de pointe qu'elle est, rend vivement les formes opulentes et la
beauté miroitante du Maître, en suivant les données de ses graveurs
affectionnés.

Francesco Curti, enfin, propagea en petit, mais non avec un moindre
succès, la manière du Guerchin; il en publia les rudiments, *Exemplare
per li principianti del disegno*, Bononia 1633, gravés d'une pointe légère,
avec des têtes de femme et d'enfant expressives, des torses rapetissés et
des extrémités pleines de finesse. On ne verra pas sans intérêt *Le Petit
atelier*, où il a placé un peintre de portraits, un sculpteur et un graveur à l'ouvrage, dans un beau portique à perspectives.

Je terminerai la revue des Écoles de Bologne, en recommandant à ceux
qui voudront en bien saisir les types et se placer dans l'atmosphère où
furent composées les peintures du palais Rospigliosi, de l'église Saint-
André della Valle, de la coupole de la cathédrale de Plaisance, aussi bien
que les eaux-fortes appartenant aux graveurs du Guide, du Dominiquin
et du Guerchin, d'avoir toujours présents à l'esprit les vers de la Jérusalem. On a vu plus haut, dans Sophronie, le plus frappant portrait de

la beauté des Carrache ; Clorinde et Armide ne représentent pas moins heureusement la beauté de leurs successeurs :

> *E le chiome dorate al vento sparse,*
> *Giovanne donna in mezo'l campo apparse.*
> *Lampeggiar gli occhi, e folgorar gli sguardi,*
> *Dolci ne l'ira, hor che farian nel riso ?*
>
> CANTO III, 21 , 22.

XII.

Les graveurs en clair-obscur.

1. La gravure en bois continua à Venise jusqu'à la fin du XVI° siècle, sous l'influence de Titien, sans produire aucun artiste hors ligne ; les autres Écoles ne s'y étaient jamais arrêtées. La gravure en camaïeu, qui offrait plus de ressources pittoresques, fut pratiquée encore avec succès dans la période actuelle, et suivit à peu près les variations de quelques Écoles.

ANDREA ANDREANI MANTOVANO, travaillant à Mantoue, à Florence et à Sienne, de 1580 à 1610, fut le plus habile vulgarisateur des clairs-obscurs de toutes les Écoles italiennes, loué par quelques auteurs comme un des plus ingénieux artistes du monde, maltraité par d'autres comme un copiste et un contrefacteur. On doit conclure, ce me semble, de l'examen de l'œuvre du graveur et de l'éditeur, que c'était un dessinateur intelligent, capable de rendre des manières diverses, surtout de saisir le dessin grandiose et l'effet favorable aux clairs-obscurs, que l'esprit du commerce, et sans doute aussi un sentiment d'estime pour les Maîtres, poussèrent à copier et à publier un grand nombre de planches anciennes, en y inscrivant la marque de son atelier : deux A gothiques inscrits l'un dans l'autre. Hugo da Carpi, Antonio da Trenta, Nicola Vicentino, et d'autres, furent ainsi mis à contribution [1]. Dans les états divers des estampes qui

---

[1] Il en usa de même pour quelques graveurs moins connus : DENANTO, de Savoie, graveur en bois, florissant au milieu du XVI° siècle, qui aurait mérité peut-être sa notice dans la deuxième

en résultèrent, avec les copies et les retouches qui y furent ajoutées, et qui déroutent si souvent les amateurs, il est difficile de faire à Andrea sa juste part. En regardant cependant les estampes qui lui appartiennent, comme *L'Ensevelissement du Christ*, d'après Raffaelle da Reggio ; *La Femme assise au-dessus d'un brasier*, d'après Malpizzi ; *L'Allégorie sur la Mort*, d'après Fortuna Fortunius, on trouve une fierté de dessin et une pratique des effets du clair-obscur qui ne sont pas communes. Son dessin fut moins pur sans doute que celui des graveurs qui l'avaient précédé ; il tomba volontiers dans toutes les exagérations du temps, mais il fut plus habile dans la distribution de ses teintes, et plus régulier dans le tirage de ses planches. Zani regardait l'estampe de *La Vertu tourmentée*, d'après Ligozzi, dans les bonnes épreuves, comme le *non plus ultrà* de ce genre de travail. Bassegio, qui connaît bien tous ces graveurs de camaïeux, dit qu'il aima, dans la plupart de ses ouvrages, à suivre le mode de graver d'Antonio da Trenta ; qu'il devint ensuite plus dur, parce qu'il voulut ajouter aux deux planches de teintes une troisième planche pour les contours seuls. Des biographes d'Andreani avancent qu'il imita dans ses premiers ouvrages la manière d'Albert Durer, et que l'habileté qu'il mit à cette imitation lui valut le surnom de petit Albert. Je ne trouve dans son œuvre, à l'appui de ce dire, que le portrait même du graveur de Nuremberg ; mais on ne peut lui refuser le mérite d'avoir bien traduit les compositions des anciens Maîtres, Mantegna, Beccafumi, Titien, Parmesan et Jean de Bologne, sans compter les peintres contemporains de Sienne, de Florence et de Mantoue, dont il reproduisit les ouvrages.

2. Les collections considérables de camaïeux en contiennent quelques-uns, et ce ne sont pas les moins remarquables, qui sont marqués des initiales ou des noms de *Joannes Gallus* comme graveur, et *Marcus Senensis* comme peintre. Bartsch en a décrit quatre ; Zani en donne un cinquième, Mariette un sixième, et Brulliot quelques autres, sans recueillir rien de plus que le nom de cet artiste, Jean Gallus, Jean

---

partie de ce travail ; ALESSANDRO GHANDINI, qui a laissé son nom écrit sur une des pièces éditées par Andreani : *Taglio d'Ales. Ghandini.*

le Français. Heinecken a catalogué ses estampes dans la partie de son dictionnaire restée manuscrite, ensemble avec celles de Johan Galle, graveur et marchand d'estampes Flamand, qui a publié beaucoup de pièces religieuses et des compositions de Brughel le drôle et de Rubens, à une époque avancée du XVIIᵉ siècle, et qui était de la famille des Galle d'Anvers. J'ai mentionné précédemment l'opinion avancée par Zani, que Joannes Gallus n'était autre que Jean Salomon, le fils du petit Bernard de Lyon. Cette opinion s'appuyait de l'autorité de Sandrart, qui nomme comme deux graveurs en bois, *Bernardus Gallus* et *Infans Gallus,* qui ont été aussi donnés dans l'Abecedario d'Orlandi [1]. Elle serait même admise en Italie, s'il faut en croire le catalogue du Cabinet Cicognara. En attendant que quelque document italien ou français vienne l'appuyer, il faut bien faire une place séparée aux camaïeux gravés d'après Marco de Sienne. Ce peintre s'était formé sur les cartons de Beccafumi et de Ricciarello ; il avait un style grandiose et affecté, que son graveur a bien rendu. Les rehauts y sont ménagés largement sur des teintes bleuâtres ne dissimulant point un dessin très-arrêté. *La Sainte famille, Persée, La Nymphe retroussée et vue de dos,* peuvent être citées comme exemples d'une exécution différente de celle qui avait été propagée précédemment par les camaïeux de Ugo da Carpi et de Parmesan ; exécution plus arrêtée et pouvant tirer des épreuves plus régulières et plus nombreuses. C'est aussi le résultat qu'avait obtenu Andrea Andreani.

3. GIOSEPPE SCOLARI VICENTINO continua à Vicence la pratique des clairs-obscurs, et son surnom le fit souvent confondre avec les autres graveurs de ce pays ; le biographe des graveurs en bois vicentins a élucidé sa notice [2]. Il était peintre principalement à fresque et disciple de Maganza. Bassegio le loue comme inventeur spirituel et bon connaisseur des effets

---

[1] Bernardus Gallus; *Cæterum in delineandis figuris Biblicis veteris et novi Testamenti minoribus, nec non metamorphosi ovidiana multum præstitit.* Academia artis pictoriæ, lib. III, pag. 367. Infante Gallo ; *così detto per che belbettava di lingua, impare da suo padre l'intagliare in Rome ed il depignere.* Abecedario, pag. 279. Napoli, 1733.

[2] Bassegio; *Intorno tre celebri intagliatori in ligno vicentini* ; Bassano, in-8° 1844.

pittoresques. Il distingue ses ouvrages de ceux de Boldrini et de Rossigliani, par les traits fermes et larges de sa taille, par les effets d'abord crus, mais ensuite perfectionnés et d'une grande expression générale. Les ouvrages de Scolari que j'ai vus, inférieurs à ceux des graveurs précédents, ne sont pas pourtant sans mérite ; ils sont en tailles prolongées, profondes, sans croisement, trop rondes peut-être mais avec des effets très-intelligents, trop marqués même des ressources du métier. *L'Ecce homo* et *La Pitié* sont des camaïeux bien italiens par leur style et empreints de la facile pratique des derniers vulgarisateurs de Titien ; mais ils ne sont point sans analogie, par l'effet général de leur travail, avec les tailles que cherchera un graveur en bois d'un autre pays, pour rendre la chaude peinture de Rubens.

4. Les clairs-obscurs précédents appartiennent aux Écoles en déclin ; les Écoles renouvelées devaient avoir les leurs. Ils vinrent de Giovanni Battista Coriolano et de Bartolomeo Coriolano, fils d'un Cristoforo Coriolano[1], nom que Heinecken et Zani croient être la traduction du nom allemand de l'artiste, *Lederer* (corroyeur), peintre et graveur en bois originaire de Nuremberg, qui paraît à la fin du XVIe siècle établi à Venise, où il grave les figures en bois du livre de Mercurialis, *De arte gymnastica ;* puis à Bologne, où il travaille pour l'*Ornithologia* d'Aldovrande, alors que florissait l'École des Carracci.

GIO. BATTISTA CORIOLANO grava plus au burin et à l'eau-forte qu'en bois, et se livra à la confection des sujets de thèses, de frontispices et d'armoiries, dans lesquels il déploya de l'invention et de la correction, autant qu'en peut comporter le genre emblématique alors de mode. Bartsch, qui a patiemment décrit toutes ses estampes au nombre de deux cent vingt-sept avec des dates de 1616 à 1642, en trouve de si bien dessinées et gravées, qu'elles feraient honneur à Augustin Carrache. Coriolan travaille de pratique, prenant facilement le train de Guerchin ou de tout autre. Bartsch compare sa gravure à celle de Villamena ; il

---

[1]. La filiation des Coriolani est établie par le testament de Gio. Battista du 3 juillet 1649, cité par Gualandi, S. 3e. pag. 189. 1842.

me paraît de plus avoir cherché dans ses travaux, en leur laissant toute la propreté du burin, les larges effets de la gravure en relief; Valesio, qu'on lui donne pour maître, avait donné l'exemple de cette façon solide de mener le burin. Les bois que l'on connaît de lui montrent aussi beaucoup de netteté, en sorte qu'il marque pour ainsi dire un trait d'union entre les deux procédés.

Bartolomeo Coriolano, qui prend le titre de chevalier romain, se livra plus exclusivement à la pratique des clairs-obscurs; il se montra dessinateur plus pittoresque que son frère; et suivant des principes plus académiques, il s'attacha surtout aux ouvrages de Guido Reni, mais il n'eut pas la même fécondité d'invention. Bassegio trouve à ses camaïeux peu d'harmonie et attribue ce résultat à ce que, en opérant comme Antonio da Trenta, il a placé ses teintes sur des contours trop prononcés. Toutes les estampes de Coriolano ne présentent pas cependant les mêmes effets. Dans les meilleures, comme *La Sainte famille*, de 1623, où la Vierge tient un panier de fruits et l'enfant Jésus une rose, ses traits sont larges et assez bien fondus dans les teintes; mais dans d'autres, comme *La Paix et l'abondance*, de 1627, les contours et les hachures sont tout à fait déterminés ainsi que dans un dessin au crayon. L'artiste altère l'ancien procédé italien, celui de Ugo da Carpi, pour se rapprocher des façons des clairs-obscurs allemands. C'est la pente où vont s'uniformiser et se confondre les procédés, les Écoles. Les Coriolani, par lesquels je termine cet historique des écoles italiennes, sans être des hommes de génie, servent à montrer cette fusion de la gravure au milieu du XVIIᵉ siècle; elle serait triste à considérer et désespérante pour l'avenir, si l'on ne pensait que l'Art, dans son merveilleux esprit de rajeunissement éternel, y trouvera encore des conditions de nouveauté et de beauté.

ÉCOLES ALLEMANDES.

XIII.

Virgile Solis. Iobst Amman.

1. L'Allemagne ne conserva pas, sous Maximilien II, la prospérité des règnes précédents; cependant, au milieu des divisions et des guerres religieuses, un vieil esprit de liberté et de tolérance la maintient encore dans un état qui favorise, non le génie, le feu de la renaissance s'éteint, mais du moins des efforts quelquefois heureux; les artistes qui vont suivre, renchérissent en petitesse sur les Petits Maîtres, s'éparpillent dans l'ornement ou font des emprunts à l'étranger; mais plusieurs surent encore tirer parti de ces conditions, rester indépendants de la peinture, et traduire encore avec verve les mœurs de leur pays.

C'est toujours à Nuremberg que sont les ateliers les plus féconds de la gravure allemande. VIRGILE SOLIS, peintre, enlumineur, dessinateur sur bois et graveur, travaillait déjà du temps des Petits Maîtres; ses premiers ouvrages datent de 1544. Heinecken et plusieurs auteurs l'ont placé dans leur rang; mais il leur survécut et ses dessins défrayèrent les livres de Francfort jusqu'à la fin du XVIe siècle. Bartsch a décrit de lui cent cinquante-huit pièces, sans compter les ouvrages sur bois. Solis dépasse les Petits Maîtres par la rapidité et la variété de son travail, par la portée et la diffusion de son œuvre. Il a l'invention fertile et spirituelle, de bonnes attitudes mais de pauvres expressions; son dessin est négligé et ses défauts paraissent d'autant plus, qu'il se servait du burin avec délicatesse et de la pointe avec adresse. Il fut aussi plus incertain dans son style que les Petits Maîtres, Tudesque au fond comme eux et les copiant quelquefois, mais empruntant aussi des figures aux Italiens et des motifs aux Français; on sait qu'il copia les fragments d'architecture gravés par Ducerceau d'après

Léonard Thiry. *Les Portraits historiés des rois de France*, qu'il grava conjointement avec Jost Amman, sont pris du Maître au double c de Lyon, mais la pointe des artistes de Nuremberg y ajoute beaucoup d'agrément. Le portrait du Christ, qu'il a fait en y apportant certains traits italiens, rapetisse le modèle d'Aldegrave et de Beham. La Vierge, et je n'ai pour la juger qu'une petite eau-forte, *La Fuite en Égypte*, est aussi dépourvue de noblesse. Les scènes de la Genèse, disposées en petites frises, sont composées dans cet esprit où la naïveté côtoie la carricature. Dans les sujets mythologiques, le graveur, mieux inspiré par les Italiens en les diminuant, a su mettre une certaine grâce. *Vénus* au milieu des emblèmes de sa planète, et des scènes d'Ovide, *Sémélé*, *Pâris*, offrent de petites formes où la vieille sécheresse allemande ne se fait plus sentir. Il reprend tous les goûts du terroir en traitant sans vergogne des bacchanales et des scènes rustiques.

Le monogramme de Virgile Solis se trouve sur de nombreuses planches d'éditions de la Bible, des Métamorphoses, des Fables d'Ésope et de plusieurs autres livres de Nuremberg et de Francfort, de 1560 à 1570 ; l'artiste en fournissait les dessins, mais l'inégalité de ces bois, leur taille tantôt trop régulière, tantôt trop négligée, indiquent assez qu'il ne grava pas lui-même en bois ; sur certaines de ces planches on a même constaté la marque du tailleur placée à côté de celle du dessinateur ; elles témoignent toujours de la fécondité de son talent.

2. Jobst Amman, venu de Zurich à Nuremberg vers 1560, eut un génie plus franc, un dessin plus sûr et une main plus vive que Solis ; il rompit avec les habitudes des Petits Maîtres. Dessinateur infatigable, fournissant de ses sujets les peintres sur verre, les orfèvres et les graveurs en bois, il a gravé de toute façon, mais l'eau-forte convenait surtout à sa manière ; et quand il s'est servi du burin ou du canif, son travail prend toujours l'aspect frétillant des ouvrages à la pointe. Il y a un choix à faire dans l'œuvre d'Amman ; il était si nombreux, qu'au dire de G. Keller, un des élèves du Maître, rapporté par Sandrart, un char à foin aurait pu à peine porter toutes ses estampes. La Bible, les historiens et les poètes anciens et modernes, les chroniques allemandes, vénitiennes,

moscovites et turques, les comtes de Hollande, les ducs de Bavière, les rois de France, les costumes de la cour, du clergé, des femmes ; les principes du dessin, les arts et métiers, les chasses, les jeux de cartes, les emblèmes, indépendamment des sujets ordinaires à tous les graveurs : tout y est exploité ; heureusement tout y paraît sous un aspect unique. Les temps et les lieux des quatre parties du monde y sont représentés sous l'objectif qu'avait devant lui un Nurembergeois, sujet d'Albert-le-Magnanime et de Guillaume-le-Religieux, qui, pour la plus grande liberté de ses outils et pour échapper à l'influence catholique et jésuite, parvenue jusqu'à Nuremberg, trouvait des éditeurs à Francfort, la ville protestante des comtes Palatins. Il nous a donné ainsi les figures de sa manière : elles ont un goût de terroir prononcé ; elles procèdent des anciens Maîtres allemands ; mais on sent, au mouvement qui les agite, que l'imitation étrangère a passé par là. Ces têtes qui cherchent à s'idéaliser, ces jambes qui s'arrondissent et ces draperies qui s'antiquent, d'importation nouvelle ici, viennent d'Italie, de Flandre et de France ; si la façon en est exagérée, qui pourrait s'en étonner ? *Ève, Les Douze femmes de la Bible, Les Figures allégoriques* imaginées par Jobst Amman, ont encore plus d'accent que d'agrément dans leur beauté ; leurs formes ne sont plus prises dans les types réels des Petits Maîtres, mais dans des types héroïques qui viennent revêtir la nature tudesque. Dans ces conditions, il a pu produire encore des figures pleines de force et de caractère, et même dans ces têtes d'études, des exemples corrects et grands ; toutefois, le dessinateur prend sa plus grande distinction dans les sujets actuels, lorsque, aux prises avec la société de son pays, il la représente sous les habits et sous le masque de 1570. Dans la multitude de personnages de tout acabit qui défilent ici, tous bien campés, à pied et à cheval, à la ville et à la campagne, l'iconophile doit une mention honorable à la planche du *Formschneider* qui représente l'artiste courbé sur son établi, le canif à la main, avec la légende versifiée par Hans Sachs : *Je suis un bon graveur en bois, et je coupe si bien avec mon canif tous traits sur mes blocs que, lorsqu'ils sont imprimés sur une feuille de papier blanc, vous voyez clairement les propres formes que l'artiste a tracées ; son dessin, qu'il soit grossier ou qu'il soit fin, est pleinement copié trait pour trait.*

On a voulu nier que Jost Amman ait été graveur sur bois ; Zani, pour prouver qu'il a été seulement dessinateur, cite une estampe représentant *La Place de Saint-Marc à Venise*, où l'on voit à côté des lettres initiales de l'artiste, IA, une plume et un encrier. Il est certain que les planches qui lui sont données indiquent, par leur nombre et par l'inégalité de leur exécution, l'intervention de mains différentes ; on en rencontre plusieurs en effet, qui, outre les initiales du dessinateur, portent celles du graveur, accompagnées du canif, insigne de sa profession. Ce n'est pas une raison, cependant, pour croire que Jobst Amman n'a pu mettre la main à la confection de quelques-unes de ses planches. Il y en a qui sont d'un travail assez pittoresque et assez analogue aux eaux-fortes, pour admettre cette supposition. Quoi qu'il en soit, il faut admirer dans ces bois, le dessin mouvementé et correct, l'expression grosse mais vraie du Maître, qui paraîtra ensuite avec toute la perfection de son talent dans ses eaux-fortes *Le Portrait de Coligny, Le portrait de Hans Sachs* à quatre-vingts ans, MDLXXVI; *Le Feu d'artifice tiré sur les remparts de Nuremberg à l'arrivée de Maximilien II.*

3 A coté de Solis et d'Amman et après eux, il y a encore plusieurs artistes à Nuremberg ; mais ils ne servent qu'à relever le mérite des deux graveurs, qui soutiennent seuls le renom de l'École franconienne.

Quelque inégalité appréciable dans les eaux-fortes de Jost Amman avait fait penser à Bartsch que STEPHAN HERMAN, qui a signé comme éditeur plusieurs de ces planches, avait pu aussi en graver quelques-unes. Il est certain que ce marchand d'Onoltsbach était orfévre et qu'il a gravé en 1586 des pièces d'ornement.

MATHIAS ZUNDT, marchand d'estampes, de 1566 à 1569, a gravé des portraits, des pièces pieuses, des frontispices, où il a cherché quelquefois l'allure libre des eaux-fortistes, où il n'a eu le plus souvent que la propreté d'un marchand et le goût d'un imagier.

BALTAZAR JENICHEN, bourgeois de Nuremberg et aussi marchand, a montré un maniement d'outils des plus durs, des types ignobles et un goût de dessin plus dépravé que Lautensack. Bartsch a décrit trente-deux estampes de lui, faites de 1565 à 1574 et marquées des lettres BI

Brulliot en cite aussi plusieurs, et on pourrait ajouter encore quelques pièces inédites à la liste, qui ne peut piquer que ceux qui aiment à chercher un fruit âpre et une fleur sauvage dans des broussailles : *L'Assomption de la Vierge, Le Mari attelé.* Les portraits contemporains du graveur *Solis* et de la reine *Élisabeth*, aussi bien que les vues topographiques qu'on y rencontre, auront toujours leur intérêt.

Un peintre, LAURENS STRAUCH, dont Bartsch a décrit *Une Vue de Nuremberg* en 1599, a traité l'eau-forte avec plus de largeur et de maîtrise. On a de sa pointe des portraits librement et vivement faits ; les figures qui animent ses vues de Nuremberg et d'Inspruch, ont aussi leur vérité locale.

XIV.

Les orfévres de Nuremberg et de Dresde.

1. Les orfévres de Nuremberg soutenaient, dans leurs gravures de modèles d'ornements, la vieille réputation de la ville dans la joaillerie et la bimbeloterie artistiques.

ERASMUS HORNICK, travaillant de 1565 à 1584, montre dans ses sujets d'ornement, une grande habileté de pointe et même de dessin, pourvu qu'on ne lui demande pas la pureté d'un Italien et la légéreté d'un Français.

WENTZEL JAMNITZER, orfévre émailleur et ciseleur célèbre, dont on voit encore un écrin richement historié au Gruene Gewoelbe, de Dresde, celui-là même dont Jost Amman avait gravé les figures de perspective et qui mourut en 1586, passe quelquefois pour graveur ; mais les estampes qu'on lui attribue sont douteuses. On a des pièces plus sûres de son neveu CHRISTOPHE JAMNITZER, qui nous font connaître avantageusement cet atelier, qui fleurit jusqu'en 1610. *L'Artiste assis devant une machine à perspective* est une figure gravée avec esprit, où il nous représente son art par le côté le plus sérieux ; et nous le voyons, dans une suite de grotesques et de chimères, descendre aux jouets d'enfant, sans perdre ses qualités natives.

HANS SIEBMACHER, dont Bartsch a décrit des chasses, a gravé aussi, de 1592 à 1596, de petites frises représentant les occupations des mois de l'année, qui réunissent au mérite d'une composition amusante, une exécution fine et accentuée. HIERONIMUS BANG, le marchand des pièces de Siebmacher, a signé aussi comme graveur des suites qui doivent être des modèles de broderie. Dans ces ateliers d'orfèvrerie parut un genre de gravure dont la découverte a exercé la critique des iconophiles : c'est le pointillé appelé *opus mallei*, travail qui, en piquant les contours et même les ombres, comme ferait la noircissure d'un poncis piqué à l'aiguille, obtient des effets plus singuliers que pittoresques. On connaît dans ce procédé, des pièces d'ornements à sujets mythologiques marquées I S 1582, sans qu'on puisse assurer qu'elles soient de Siebmacher; on en connaît aussi de Jérôme Bang. Mais l'artiste auquel on a le plus souvent, depuis Christ, rapporté la découverte, est PAUL FLYNT, qui publia à Nuremberg et à Vienne, de 1592 à 1594, des suites de vases, de têtes, de paysages et même de sujets historiques dans le genre pointillé[1]. Sans discuter la question de priorité, ni rappeler les exemples isolés qui se rencontrent dans les autres Écoles, il est intéressant de voir à ses plus petits rudiments pratiques, un genre qui, entre les mains de graveurs sérieux, s'adapta harmonieusement à la peinture du Dominiquin et de Philippe de Champagne; on a voulu faire l'honneur de l'invention aux Français comme aux Allemands; mais elle remontait encore plus haut en Italie, ainsi que nous l'avons déjà vu.

2. MATHIAS BEITLER, d'Onoltzbach, dont Bartsch a décrit dix-sept petites pièces d'animaux et de costumes, qu'il croit faites pour des boîtes à tabac et qui furent publiées par Stephan Herman en 1582, peut encore être cité comme un novateur en gravure, pour la sobriété expressive de ses traits et pour une pièce inconnue à Bartsch, *Un Berger près de sa cabane suspendue sur des pieux,* où l'on voit l'essai d'une manière analogue à celle que découvrira soixante ans plus tard le major de Siegen.

On pourrait poursuivre plus loin la recherche des graveurs ornemantistes de Nuremberg; mais il y a indigence de types dans ces artistes

---

[1] Reynard, 1re partie, pag. 53. Brulliot, II, 2256.

entraînés par la fantaisie, bien qu'ils soient tout à fait de leur pays.
On aperçoit mieux les physionomies locales au commencement du
XVIIe siècle, en regardant la lignée de patriciens que grava, de 1580
à 1610, un amateur, Jean Kalle ou Kaler, dont le nom est à peu près
inconnu ; mais il n'y a là aucun profit pour l'art, car l'eau-fortiste n'a
réussi, en singeant les Hopfer, qu'à donner à ces consuls des mines rébarbatives. Le burin régulier réussit mieux à rendre la tenue empesée des
bourgeois, les escoffions, les godrons et les vertugadins de leurs femmes.
Je ne vois pas que l'imitation italienne, qui gagnait partout les artistes,
ait produit ici quelque graveur saillant, si ce n'est HANS TROSCHEL, qui
alla à Rome travailler chez Villamena et produisit des gravures que
Huber dit exécutées dans le goût de ce Maître. Je regrette surtout de ne
pas connaître son livre de dessin, *Artificium novum pingendi pro juven-
tute;* on y verrait sans doute comment la gothique cité d'Albert Durer
fut initiée aux belles manières italiennes, en attendant le jour où Sandrart
viendra y établir sa savante académie.

3. La gravure des orfèvres prit un élan un peu plus artistique à Dresde,
où les ducs électeurs de Saxe avaient maintenu, à travers des fortunes
diverses, un état florissant et où ils se signalèrent par leur passion pour la
joaillerie.

JOHAN KELERTALER, peintre en même temps qu'orfèvre, grava des
compositions ambitieuses de l'architecte sculpteur de l'électeur de Saxe,
Jean Marie Nolseni, qui florissait à Dresde, de 1575 à 1590 : *L'Empire
romain*, *La Tour de Babel*, *La Chute de l'empire de Babylone*, *L'Empire de l'Église*. La seule pièce que j'ai rencontrée de lui : *Une Bataille
auprès d'un fleuve*, qui me paraît être la mort de Darius près du Tigre,
où la fin de l'empire des Perses, est curieuse par son travail de burin, fin
et précieux dans plusieurs parties, pesant et inexpérimenté dans d'autres,
et montrant la main d'un orfèvre occupé de l'effet de ses reliefs et de ses
creux ; le dessin en est maigre et mouvementé. Brulliot cite de Kelertaler
des estampes dites au marteau : *Les Quatre éléments*, marquées de
son nom ou des lettres H. K., 1589. On connaît aussi des pièces du
même genre, des portraits, pour la plupart marquées des lettres K I

qui sont attribuées à un Jean Kelertaler père ; mais ces morceaux sont des épreuves négatives tirées sur des plaques d'orfévrerie, et non des estampes. Quand il n'y a que le trait de piqué, on peut encore les prendre pour telles, mais les ombres et les clairs y viennent à contre-sens. C'est de cette façon qu'ont été tirées les pièces données à DANIEL KELERTALER, orfévre de la cour de Saxe, dont on a voulu faire un graveur travaillant dans un genre dont on n'avait pas vu d'exemple. *Le Bain de Diane* et *Les Saisons,* datées de 1670 et non 1610, comme l'ont cru quelques auteurs, ne sont que des épreuves de plaques en argent poinçonnées et repoussées, comme on en voit encore de lui au Grüne Gewoelbe de Dresde. Johan Kelertaler, qui serait plus intéressant à étudier comme graveur, fournit encore des dessins à un artiste peu connu, JOHAN DIRIKS, qui grava *L'Adoration des bergers,* pièce ovale datée de 1607, d'un burin aigre et peu habile ; et *Saint Jérôme,* imprimée à Augsbourg, où, à défaut de correction, on peut encore trouver quelque pittoresque.

XV.

Les graveurs de Munich et d'Augsbourg.

1. Munich, siége de l'électorat de Bavière, fournit à l'École allemande, sous le règne encore assez prospère du duc Maximilien, son lot de Maîtres graveurs.

PIERRE WEINHER, essayeur de monnaies du duc de Bavière, a gravé, de 1573 à 1581, de grandes pièces de piété décorative et officielle, dont Bartsch et Brulliot ont donné la liste : elles sont d'un style classique et d'un burin dur, dont Weinher prend les modèles en Italie, mais plutôt chez les marchands qu'avec les Maîtres, et qu'il germanise seulement par la maussaderie et la pesanteur de ses figures.

Il y eut plus d'originalité dans les estampes à l'eau-forte que publia, quelques années après, le peintre JOHAN WEINHER, valet de chambre de la duchesse Maximilienne, qui grava principalement les compositions de son Maître, Christophe Schwartz. *Jésus allant au Calvaire, La Résurrection, Apollon* et *Daphné,* que je trouve citées par Huber et par Brulliot, comme portant son nom et la grappe de raisin qu'il avait prise pour emblème, auraient bien mérité une description; *La Chute des anges rebelles*, 1611, que l'on donne comme son chef-d'œuvre, est dessinée dans un système de lignes bossuées et de hachures brisées, qui relèvent d'une façon étrange des formes mesquines et des expressions puériles. Heureusement pour Schwartz, il eut un autre graveur affidé, Jean Sadeler; mais je crains que celui-ci n'affaiblisse trop le goût bavarois, qui est trop prononcé dans Weinher.

Mathias Kager, premier peintre du duc de Bavière, qui décora de ses compositions les églises, les palais et les façades des maisons de Munich, et se retira ensuite à Augsbourg, où il devint bourgmestre, avait longtemps séjourné en Italie et y avait pris autant qu'il avait pu le goût des formes choisies. Il fournit de nombreux modèles aux graveurs d'Augsbourg et à Sadeler; il grava lui-même quelques estampes, de 1603 à 1610, qui le rapprochent pour la conduite du burin, de Villamena. Zani a donné comme son chef-d'œuvre, *Le Baptême du Christ*. Huber cite de lui trois pièces; à en juger par *La Vierge* accroupie et tenant l'enfant Jésus couché à côté du petit saint Jean une grappe de raisin à la main, son type garda de l'étrangeté et une petitesse prises ailleurs qu'en Italie. Le même type, servi par un dessin plus pauvre et une gravure plus pesante, paraît dans une estampe de *La Samaritaine*, faite d'après lui par Michel Sackener, qui en a dû faire quelques autres.

Dietrich Cruger, autre artiste de Munich, qui s'en alla en Italie quelques années après Kager, et qui travailla à Florence en 1617 et 1618, fut un dessinateur peu inventif et un traducteur refroidi d'Andrea del Sarto et de Lanfranco. Avant de quitter Munich, il s'était essayé, d'après Albert Durer, dans *L'Apparition du Christ à la Madeleine,* estampe citée avec admiration par Zani. En Italie, il prit, ainsi que Kager, le procédé de Villamena, et le pratiqua avec un peu de lourdeur d'abord, mais ensuite avec tant d'habileté, qu'il ne lui resta plus rien d'original ; malgré l'uniformité de ses travaux, il faut le louer de s'être attaché à reproduire les fresques en clair-obscur des cloîtres de la Compagnie dello Scalzo. La correction et la dignité si simple d'Andrea del Sarto y sont passablement rendues.

BARTME REYTTER, peintre à peu près inconnu, même dans son pays, a laissé quelques eaux-fortes de son invention, datées de 1610 à 1615, à Munich : *Le Sauveur*, *le Christ à la colonne*, *Saint Jérôme*, *Vénus et l'Amour* d'après Georg Bécham. A défaut de noblesse dans les figures et même de correction, il y a un travail de pointe gras, bien éclairé, et une mise en scène agréable d'animaux, de plantes et de ruines. Le graveur doit avoir pris dans quelque gravure de Guido Reni le modèle de ce grignotis qui fait l'agrément de son travail, mais c'est tout ce qu'il a de commun avec le Maître.

GEORG BECHAM ou PECHAM, de Dresde, est un peu plus connu, comme peintre, dessinateur et graveur, travaillant de 1594 à 1610 à Munich, où il mourut jeune. Bartsch a décrit de lui plusieurs estampes, sous le titre d'un anonyme de l'École de Guide. Il fut le premier parmi les Allemands qui imita l'allure libre et fière des Italiens, en affectant surtout le travail embrouillé et sale des naturalistes; au bosselage de ses contours et à la pauvreté de ses types, on peut reconnaître cependant le Bavarois. *La Sainte famille* rappelle encore quelque chose des Carrache, *Les Filles de Loth* sont d'un cynisme qui dépasse Ribera.

2. C'est à Augsbourg que la gravure au burin trouve maintenant son plus fécond atelier. DOMINIQUE CUSTODIS, fils de PETER BALTENS, *alias custos*, peintre, récitant de théâtre et marchand d'estampes à Anvers, gravait aussi vers 1570 des pièces historiques; il se réfugia à Augsbourg, y épousa la veuve de Barthélemy Kilian, orfèvre, dessinateur et graveur, y établit un commerce considérable d'estampes et comme une École de gravure dont les fils de Kilian et les siens firent le fonds pendant plusieurs générations.

Dominique Custodis avait appris son art en Flandre et il apporta en Allemagne les procédés de gravure fins et léchés de Wierix, comme on le voit dans ses premiers ouvrages, *Icones institutorum sex illustrium in christiana religione ordinum*, 1597. C'est encore en souvenir des Drôles flamands qu'il publia, la même année, *les Songes drôlatiques de Pantagruel*, copiés de la suite anonyme, publiée à Paris en 1565. Se livrant ensuite à la reproduction de quelques Maîtres en vogue, et à la confection des portraits, il prit un burin plus large, et affecta quelquefois les plus symétriques allures, comme dans *La Vierge tenant l'enfant Jésus vis-à-vis de Saint Augustin;* mais il y eut toujours chez lui défaut d'invention et de correction. Il cessa bientôt de travailler, dépassé par son beau-fils et son fils.

LUCAS KILIAN, le plus célèbre des graveurs de cette maison, alla, dit-on, se former en Italie; il grava, en effet, quelquefois d'après les Maîtres de Venise; mais ceux qu'il affectionna furent les peintres de l'Allemagne et de la Hollande, qui n'imitèrent les Italiens strapassés que pour les amplifier encore, en les interprêtant selon leur propre goût: Joseph Heinz le Suisse, Rottenhamer de Munich, Spranger et Cornelis de Harlem. En traduisant toutefois, le graveur fait une œuvre à lui ; il dessine avec une énergie tourmentée, il raye le cuivre avec aigreur, et exécute avec son burin toutes sortes de tours de force. Son Christ et sa Vierge, insignifiants malgré leur recherche, n'ont d'autre expression que la préciosité du travail; qu'il traite les sujets religieux ou les sujets fabuleux, *Le Serpent d'airain*, *La Nativité* ou *L'Enlèvement de Proserpine*, *Hercule et Antée*, Custodis aime les têtes renversées, les yeux blancs, les contours gibbeux, les chairs potelées et rebondissantes, les poses chorégraphiques. Le dessin lui fait défaut quand il compose, comme dans *Vénus et Adonis;* mais il a des façons pittoresques lorsqu'il n'appesantit pas trop ses travaux, comme dans *Les Quatre saisons*, représentées par deux enfants, garçon et fille. On juge bien par ce graveur, qui jouit dans son temps de la plus grande faveur et poussa le luxe de son art jusqu'à se servir quelquefois de planches d'argent, du goût dévot, majestueux et mythologique qui régnait à Augsbourg de 1600 à 1630, sous les tristes empereurs qui amenèrent la guerre de Trente ans. Ces empereurs eux-mêmes se pavanent avec leur entourage d'électeurs et d'archiduchesses, dans les suites nombreuses de portraits de Custos et de Kilian, depuis l'imbécille Rodolphe II jusqu'à Gustave-Adolphe, qui est gravé ici de grandeur naturelle, avec ses yeux à fleur de tête, sa moustache en croc et toutes les dentelles d'un habit de gala. Le burin des graveurs d'Augsbourg avait tout le manège requis pour rendre le velours de leur pourpoint et l'acier de leur haubert, leur frisure et leur tapé, leurs collerettes et leurs trois mentons, aussi bien que la gravité de leurs physionomies : cette galerie donne du moins le côté amusant d'une époque qui fut déplorable.

De tous les Kilian qui continuèrent avec succès l'art et le commerce, je n'ai plus qu'à citer WOLFGANG, fils puîné de Barthélemi le vieux, qui, après avoir été en Italie comme son frère, suivit à Augsbourg les mêmes errements, et travailla depuis 1602 ; son burin, moins habile et moins recherché que celui de Lucas, est aussi moins fin dans sa manière, mais il a les mêmes tendances aux traits aigus, aux airs lourdement affectés. Outre plusieurs grandes pièces d'après des peintres Vénitiens et Flamands et des suites de portraits, il a gravé plus librement à l'eau-forte des scènes bibliques et allégoriques : on y voit plus à nu le goût dépravé de l'École d'Augsbourg. Mais l'ouvrage de Wolfgang Kilian qu'on regardera toujours avec le plus d'intérêt, est une grande estampe où il a représenté d'après Sandrart, *Le Festin des plénipotentiaires de la paix de Westphalie à la maison-de-ville de Nuremberg, en 1649.*

RAPHAEL CUSTODIS, fils de Dominique, travailla avec Wolfgang depuis 1605 ; son burin, plus maigre, vulgarise et appauvrit encore la manière de la maison. Tout l'intérêt de son œuvre est dans des suites de portraits et dans quelques pièces d'histoire religieuse ou d'allégorie, qui, au point de vue de l'art, n'inspirent guère que de l'ennui.

La société, les divertissements et la soldatesque de ce temps, paraissent avec plus de pittoresque dans les eaux-fortes d'un peintre de Souabe, HANS ULRICK FRANCK, qui travailla à Augsbourg de 1637 à 1656. Il cherche l'effet et les libres allures à la Tempesta ; le marquis Malaspina dit : *alla Rembrantesca.* Il a traité quelques sujets d'histoire ancienne ; mais sa pointe, assez vive, prend autour de lui les physionomies et les attitudes dramatiques.

XVI.

Les graveurs suisses.

1. La Suisse, que venait de quitter Jobst Amman, produisit d'autres artistes qui, dans la gravure en bois d'abord, et ensuite dans la gravure à

l'eau-forte, apportèrent un nouveau lustre à la patrie d'Holbein. La Répupublique des Cantons, qui achève alors son affranchissement de l'Empire germanique, paraît hériter un moment de la sève qui abandonne d'autres parties de l'Allemagne désolées par la guerre civile. Les graveurs ne restèrent pas toujours dans leurs villes natales, qui ne leur offraient pas les mêmes ressources que Francfort ou Strasbourg, mais ils gardèrent une manière assez locale.

Tobias Stimmer, dont le talent fut principalement employé à décorer de peintures à fresques les maisons de Strasbourg, de Francfort et de Bade, et à portraire les margraves de Bade, se rendit aussi célèbre par ses dessins pour les illustrations des Bibles, des histoires, des recueils d'emblèmes et de portraits, que publièrent les libraires de Bâle et de Strasbourg, de 1573 à 1605. La Bible de Stimmer est surtout restée fameuse; Sandrart l'appelle une Académie pour les écoliers, un trésor pour les peintres; et Rubens, qui en avait copié les figures dans sa jeunesse, a confirmé ce jugement. Aujourd'hui, nonobstant les éloges toujours mérités par un dessinateur aussi habile, on peut trouver dans ses compositions le goût du fracas, de la pose et de la grimace; l'exécution facile et quelquefois supérieure de nombreuses figures, n'empêche pas la monotonie de l'ensemble. Les vieux types affectionnés des Suisses, les lignes arquées, les rotondités éminentes, sans s'effacer, se vulgarisent; l'art allemand s'y montre, envahi lui aussi par le machinisme : Stimmer est, par rapport à Holbein, toutes proportions gardées, ce qu'est Tempesta par rapport à Marc-Antoine.

Le dessinateur n'a pas gravé ces bois lui-même, mais il avait formé autour de lui tout une École de tailleurs de bois; Zani en distingue cinq, tous très-vaillants, et cite parmi leurs planches, de vrais chefs-d'œuvre d'une finesse de taille incomparable. Les marques de ces graveurs accompagnent souvent celle du dessinateur, et on en a reconnu quelques-unes.

Christoffel Henri Stimmer de Schaffhouse, frère puîné de Tobie, son élève, paraît, quoi qu'en dise Bartsch, un de ces graveurs marquant ses planches d'un monogramme formé des lettres C H S. Huber vante particulièrement ses tailles larges et moelleuses. Selon cet auteur, d'autant plus acceptable ici qu'il parle d'un artiste de son pays, Christophe ne se serait pas borné à tailler les bois dessinés par Tobie, et serait ensuite venu en France, où il fut connu sous le nom du Suisse. Florent-le-Comte place *Le Suisse* après Jean Cousin et Jean Genet, dans un de ses volumes de pièces françaises. La seule trace que j'en aie rencontrée, est un portrait en pied de Charles de Lorraine, la lance au poing, signé *C. Suisse Scal*, 1590, qui est d'un burin carrément modelé; et une *Madone de Lorette*, en tête d'un vœu du théologien parisien Jean Bocher, pièce dessinée lourdement et gravée sans effet. Ces estampes ne légitiment nullement la place exceptionnelle que Florent-le-Comte donne au Suisse parmi les graveurs de l'École française.

On nomme encore CHRISTOFFEL VON SICHEM comme l'auteur des planches marquées d'un monogramme formé de la lettre V, dans les branches de laquelle s'entrelacent un C et un S. Son nom entier avec les titres de *Formschneider* et *Kupferstecher*, se trouve sur des portraits gravés sur bois et sur cuivre, de 1600 à 1623, avec une énergie minutieuse; il signa comme dessinateur et comme graveur, un portrait de Ravaillac, accompagné des médaillons du roi, de la reine et du dauphin, historié des scènes de l'assassinat et du supplice : eau-forte des plus vives, dans la manière suisse la plus habile.

Mais ce Christophe, dont le monogramme se rencontre en premier lieu dans la Bible de 1573, est-il le même graveur que nous rencontrons dans l'École hollandaise, signant d'un monogramme et d'un nom semblable les portraits en pied de la chronique de Hollande de Le-Petit en 1601, plusieurs pièces d'après Goltzius et les bois d'une Bible publiée à Amsterdam en 1646? La question n'a nullement été éclaircie par Brulliot, et il faut en appeler pour une solution définitive, à l'examen qui pourra être fait de toutes les pièces.

BERNARD JOBIN, de Strasbourg, éditeur de quelques-uns des livres illustrés par Stimmer et de plusieurs recueils de portraits, peut aussi passer pour un de ses graveurs sur bois. Il a signé comme *Formschneider* le placard d'une audience tenue par Maximilien à Strasbourg, en 1570. L'exécution n'en est pas pittoresque. Heinecken cite, avec quelques portraits datés de 1574, deux pièces qui le seraient sans doute davantage : ce sont deux clairs-obscurs, *La Loi ancienne* et *La Loi nouvelle*, dessinées par Tobie Stimmer d'après les figures du Münster de Strasbourg [1].

CHRISTOPHE MAURER, de Zurich, le mieux connu de tous les graveurs en bois de l'atelier de Stimmer et le plus habile de ses élèves, comme lui peintre de fresques et dessinateur pour les peintres-verriers et pour les tailleurs de bois, se signala dans la gravure à l'eau-forte. Bartsch, qui voulait lui donner toutes les pièces attribuées à C. van Sichem, a décrit sous son nom plusieurs pièces portant des dates de 1580 à 1605. Ses eaux-fortes, que Bartsch n'a pas toutes connues, comprennent des allégories morales, des batailles, des chasses et quelques sujets religieux et mytho-logiques : *Loth et ses filles, Un Satyre et une nymphe.* Elles sont faites dans un goût qui avoisine Jobst Amman, d'un dessin plus ressenti peut-être, et d'une pointe moins fine, affectant les touches de la gravure en bois.

2. Un graveur plus recommandable aux yeux de ceux qui aiment le travail soigné du burin, serait l'auteur de *La Résurrection* datée de 1577, et du *Supplice de Marsyas*, longtemps portés à l'œuvre de Martin Rota, si nous en savions sur son compte plus que ce qu'en a dit Bartsch [2]. Il trouva son nom sur un exemplaire de l'estampe de Marsyas, marquée de l'ex-dono de l'auteur, MELCHIOR MEIER, en 1582, et reconnut que malgré son mérite il était resté totalement inconnu. Mariette avait depuis long-temps remarqué ces deux estampes dans l'œuvre de Martin Rota, comme gravées dans un goût particulier ; il avait rapproché quelques autres pièces qui lui paraissaient du même graveur : *Les Médaillons d'Alexandre et de Cosme de Médicis soutenus par la déesse tutélaire de Florence*, mar-qués d'un M dans lequel vient s'inscrire un S ; *Danaé, Les Cyclopes*

---

[1] Voici la description qu'il en donne : « Première figure, aux yeux bandés, portant une pique rompue représentant la loi ancienne; pièce en clair-obscur, marquée B. Jobin excud, avec le chiffre de Tobias Stimmer. Deuxième figure de femme portant la couronne sur la tête, dans la main droite une longue croix, dans la main gauche le calice ; au fond, l'Annonciation aux ber-gers; pièce semblable avec le même chiffre. » *Dictionnaire des artistes et d'estampes. Manuscrit de la bibl. de Dresde.*

[2] *Notes manuscrites du Cabinet des estampes*, tom. VII. Parmi les pièces citées ici, celle de Florence est encore portée par Bartsch au catalogue de Martin Rota, n° 105.

d'après Titien, marqués d'un M dans lequel vient s'inscrire un F, et de l'an 1572 ; en voyant d'ailleurs la dédicace de l'estampe de Marsyas à François de Médicis, en 1582, il lui sembla que le graveur pouvait être Florentin. Je ne connais pas toutes les pièces citées par Mariette ; mais, à en juger par les deux premières, on ne peut guère attribuer à un Italien cet accent dans le dessin et ce précieux dans la gravure. Rota seul, en Italie, a manié le burin avec cette patience ; encore n'a-t-il jamais si bien soigné ses lointains. Il est possible que Meier, si l'on accepte la donnée de Bartsch, avant de venir à Florence, ait passé par Venise où le burin était tenu par un Maître tel que Rota. En travaillant aussi finement que lui, ce Suisse garda d'ailleurs le goût gesticulateur et l'expression matérielle de son pays. Il n'existe rien dans la gravure de plus enfantin que l'essaim de chérubins qui entoure le Christ ressuscitant.

Brulliot ajoute aux pièces déjà citées, attribuables à Melchior Meier, une estampe représentant *Saint Guillaume*, marquée de deux M entrelacés, surmontés d'un ustensile et suivis de *sc. et excudit in Fryburgi Helvet*. et il y voit une raison de plus de croire que le graveur était bien Suisse. Cette pièce où le saint, *Miles an monachus decor Guillelmus*, est armé de toutes pièces et emplumé, au milieu d'un paysage important, avec des accessoires très-soignés, n'a pas sans doute le mérite des ouvrages précédents, mais elle est bien dans la même manière. On connaît, d'un autre côté, des pièces portant une marque semblable, deux M entrelacés et surmontés d'une petite lampe, datées de Lucerne, en 1600 et 1602. Quant à celles-ci, Brulliot se refuse à les donner à Melchior Meier, par ce motif qu'elles sont de mauvais goût avec des figures trop courtes et mal dessinées. Ces observations s'appliquent particulièrement à une suite de dix-huit pièces de *La Vie de Madeleine*, qu'il donne à un MARTIN MARTINI, orfévre et géomètre de Lucerne, dont elles portent le nom et la marque. Voici pourtant deux autres pièces : *La Nativité*, 1597, *Lucern*, qui est d'un travail extrêmement fini avec un effet de lumière habile ; et *L'Image de F. Nicolas, anachorète suisse*, qui est à l'eau-forte, mais d'une facture tout à fait magistrale. Tels sont mes renseignements ; je ne puis que les terminer comme faisait Mariette : il faudra examiner avec une grande attention.

3. Ainsi fut cultivée en Suisse la gravure au burin ; vers ce temps, les graveurs de ce pays renonçant.à la gravure en bois, qui tombait en défaveur, employèrent l'eau-forte d'une autre façon que les peintres. Ils se servirent d'un vernis mou, sur lequel la pointe dessinait plus facilement et obtenait des résultats plus égaux et plus sûrs. Le graveur auquel on a voulu rapporter l'invention de ce vernis mou, différent de celui qu'employèrent en France Callot et Bosse, est Dietrich Meyer, peintre, portraitiste et verrier. On cite peu les produits de sa gravure, qui parurent à Zurich, de 1599 à 1602 ; je connais des suites de petites figures : *Les Dieux du Ciel, Les Vertus, Les Vices, Les Arts libéraux*, qui sont carrément faites, expressives, dans un goût rappelant Virgile Solis ; *Une Danse de soldats et de filles,* 1589, exécutée d'un burin court, accentué, où l'on sent encore quelque chose de la tradition d'Holbein ; des portraits de professeurs et pasteurs de Zurich, d'une gravure fine et pâle et d'une expression austère.

Conrad Meyer, fils de Dietrich, et peintre comme lui, fut le principal graveur d'une famille nombreuse d'artistes qui défraya la Suisse de pièces de piété, de morale, d'amusement et de circonstance, pendant tout le XVII° siècle. Zani en a distingué dix ou douze ; Conrad seul a un œuvre de plus de neuf cents pièces, qui s'étendent au-delà de 1650. Je n'ai pas à chercher le mérite qui peut rester dans un art qui se vulgarise et se rapetisse de plus en plus. L'École suisse a, dans la première moitié du XVII° siècle, un graveur qui la représente avec plus d'éclat.

Matthieu Mérian l'ancien, de Bâle, est un de ces talents évidents, plus prolixes que choisis, auxquels la postérité ne conserve pas la faveur dont ils jouirent de leur temps ; on l'appelait le Flambeau des artistes allemands ; il se répandit en divers lieux. Formé dans l'atelier de Dirik Meyer, à Zurich, il y apprit, dit-on, l'emploi du vernis mou. Abraham Bosse le cite après Frisius, comme ayant fait dans ce procédé des ouvrages aussi nets qu'il fut possible, et ne lui reproche que de finir à coup ses hachures. Il alla, jeune encore, à Nancy et à Paris, où il grava des pièces de circonstance historique et de moralité vulgaire, pour les marchands Firens et Nicolas de Mathonière. Il grava, en 1608, le frontispice de *La Pompe funèbre du duc Charles VIII à Nancy;* en 1612, *Le Carosel fait à la Place royale;* en 1613, *La Représentation des arti-fices de feu faits sur le quai des Célestins, la montaigne d'Etna semble ardre dedans l'air,* etc., qui sont entre les pièces les plus piquantes de son œuvre. Elles sont faites dans un travail de pointe carré, propre et accentué, qui intéresse plus que le burin plat ou la taille monotone dont on se servait dans ces sortes de pièces; mais il y manque ce qui eût fait supporter une exécution même moins estimable : de l'esprit. On dit que Mérian connut alors Callot et se lia d'amitié avec lui; il n'y paraît guère à ces estampes. *Les Dames dans diverses occupations,* finement traitées, curieuses de physionomie et de costume, sont plutôt dans le goût de Crispin de Pass, que dans celui de Callot. A côté du remuant Lorrain, le Suisse garda sa lenteur helvétique; aussi quitta-t-il bientôt la France. Il voyagea quelque temps en Allemagne, dessinant sur sa route les vues et les costumes, et il se fixa enfin à Francfort et à Oppenheim, auprès de Jean-Théodore de Bry, dont il épousa la fille. Ayant trop souvent le commerce pour mobile, Mérian traita sans distinction la théologie, l'histoire, les emblèmes; emprunta ses compositions de divers côtés; prit quelque chose en Italie, de Tempesta; dans les Pays-Bas, de Crispin de Pass; en Allemagne, d'Elzheimer; et garda pour qualités et pour défauts propres, sa carrure et sa balourdise. Particulièrement maussade dans les sujets qui demandent de la prestesse comme les figures mythologiques, ou du goût comme les figures historiques, petit et bourgeois dans ses expressions, maladroit dans ses formes, il est curieux par ses costumes, positif dans ses vues de pays et de villes; enfin il paraît acquérir de l'attrait, comme tous les artistes féconds, quand on s'est mis à l'unisson de sa manière. On en trouvera le résumé le plus expressif et le travail le plus soigné, dans *La Table de Cébès*, description des âges de la vie humaine.

XVII.

Les graveurs alsaciens.

1. Strasbourg, où nous avons vu déjà travailler les graveurs en bois de Tobie Stimmer, où l'Orléanais Delaune avait eu un atelier que nous

connaissons, produisit dans les années qui suivirent, des graveurs auxquels on ne voit pas une manière homogène, mais qui, dans les courants divers qui les entraînent, témoignent de l'esprit de diffusion qui gagnait l'art allemand.

FRÉDÉRIC BRENTEL, qu'il ne faut pas confondre avec Franz Brun, auteur de petites pièces au chiffre F B datées de 1559, et Petit Maître à la suite, dont Brulliot a trouvé le nom, dut se former dans le même atelier que Mérian. Il manie la pointe aussi carrément que lui, mais avec plus de légèreté, et il dessine avec plus de finesse. Il s'est d'ailleurs mieux confiné dans le genre analogue à son talent : *Les Tournois de Strasbourg*, *Les Pompes funèbres de Nancy*, en 1608 et 1611. On y remarque des figures correctes et prises dans le vrai du geste et du costume, des fonds d'architecture habiles et pittoresques. Ses paysages historiques, datés de 1617 et 1619, sont aussi d'une facture vive. Mariette avait vu de ses dessins, qu'il trouvait assez spirituellement faits, quoique de petite manière. Aurait-il gagné en se grandissant ? Sa pièce capitale, faite en 1600, se recommande par un dessin spirituel, par une exécution fine, ferme. Cette estampe explique pourquoi Brentel ne vint pas en France : elle représente l'électeur de Saxe, Frédéric, debout, l'épée au poing, les pieds enchevêtrés par des monstres, un dragon en tiare, un renard en chapeau de cardinal, un vautour mitré et un serpent couronné, avec la légende : *Multæ tribulationes justorum et de his omnibus liberabit eos Dominus.*

WENDEL DIETTERLIN, le Ducerceau et le Vriese de l'Alsace, ne fut pas seulement un architecte de verve, un peintre considérable dans son pays ; il grava en 1593, d'une pointe imitant les allures de Jobst Amman et les larges effets du bois, mais toujours avec la franchise d'un Maître, des portraits et des motifs d'architecture où s'enchâssent des figures à la fois trapues et anguleuses, d'un patron particulier. Ces patrons de femmes dodues et de membres écarquillés passèrent, en s'enlaidissant, dans les grandes estampes publiées par son fils Hilaire, et gravées par son neveu Barthélemi Dietterlin, en 1621, qui ne se recommandent que par leur couleur alsacienne prononcée.

2. MATHEUS GREUTER est un graveur au burin, de bonne heure appli-

qué à son métier, qui sortit de la même École. Les pièces qu'il fit dans les années 1587 et 1588, sont des compositions de Dietterlin : *Les Adorateurs de Vénus*, *Le Char d'Élie*, etc. ; ou des sujets de moralité populaire : *Le Médecin guérissant phantasie*, *La Jeunesse et la vieillesse*, etc. Les unes sont gravées avec une finesse précieuse qui n'avait pas de précédent en Alsace et pour laquelle l'artiste s'inspirait des ateliers flamands, mais elles gardent dans leur dessin les formes alsaciennes que nous avons vues ; les autres sont d'un travail plus gros et d'un burin plus dur, mais non moins prononcées dans leurs figures. Vers 1595, le graveur alla à Lyon, s'y établit quelque temps, à l'Espée d'Arme en la rue Bonne-Voie, et publia *La Colonne de Henri IV*, des allégories, *Amor*, *Pudicitia*, *Mars*, *Les Sept pétitions du Pater*, et d'autres estampes estimables par le soin du burin, mais où l'artiste, n'étant soutenu par aucun goût pittoresque, montre plus lourdement les mauvaises habitudes de son dessin. Ce dessin ne s'embellit pas en affectant les expressions qui étaient alors de mode dans les pièces de piété. Greuter gagna ensuite Rome et y resta ; son talent, sans grandir, se débarrassa assez bien de ses habitudes provinciales. Huber et d'autres auteurs louent sa correction et son bon style, parce qu'ils lui attribuent un certain nombre d'estampes marquées M G ; mais ces pièces sont antérieures, datées de 1584 et probablement de l'École de C. Cort. En réduisant l'œuvre de Matthieu Greuter à ce qui lui appartient réellement, je n'ai pas rencontré une seule pièce magistrale, mais force compositions d'allégorie, à la fois mythologiques et catholiques, commandées alors aux artistes pour l'illustration des livres et des thèses *ad majorem Dei gloriam : Harmonia seu concordantia Decalogi ; diversi incidebant, Matt. Greuter auctor invent. exc, Romæ*, 1626 ; *De Sº Juone pauperum advocato oratio M. Greuter delin. et sculp. Romæ*, 1627. Greuter tenait donc à Rome un atelier de gravure pour ces sortes de pièces, et les procédés qui y régnèrent ne furent que ceux de la taille-douce, propagés alors partout par les graveurs de pièces de circonstance et de sainteté. Ce qui en sortit de plus joli fut peut-être la suite des vignettes pour les épîtres héroïques de Bruni, en 1628 ; le graveur travaillait alors sur les dessins du cavalier d'Arpino ou du cavalier Guidotti, et prenait ses plus agréables tours de burin pour se mettre en harmonie avec la poésie brunesque. C'est là que Greuter forma son fils, qui valut mieux que lui.

JEAN-FRÉDÉRIC GREUTER, dessinateur italianisé et buriniste léger, travaillant à Rome où il était né, de 1620 à 1640, et traducteur des compositions des Maîtres éclectiques, entre lesquels il n'a de préférence peut-être que pour le plus facile et le plus insignifiant, Pierre de Cortone, aurait été mieux placé à la suite de Villamena et de Ciamberlano. Il prend aussi volontiers l'expression mignarde des ascétistes. Après son père, il sert à montrer l'assistance que les Allemands prêtèrent encore ici aux Italiens pour le perfectionnement du métier de buriniste. Jamais Italien de race n'avait eu un maniement d'outil aussi joli à l'œil que celui que fit voir Greuter dans les Hespérides de P. de Cortone et dans le portrait du cavalier Marini.

3. ROBERT BOISSARD, de Valence en Dauphiné, ne peut être né vers 1590, comme l'avance Malpé, puisqu'il grava en 1597, à Strasbourg, la suite des *Mascarades* [1]. Ces figures, assez curieusement costumées, faites d'un burin net mais manquant de souplesse et d'harmonie, sont du même acabit que certaines pièces facétieuses de Matthieu Greuter. La pièce intitulée *Concordia, en paix avons contentement,* qui représente une famille à table au moment du bénédicité, est pesamment mais carrément faite ; il composa quelques planches d'un burin plus précis, qui sont aussi dans des habitudes analogues à celle de Greuter avant ses voyages : *Adam et Ève, Le Jugement de Pâris, Nymphæum.* Les formes féminines, où se complait le graveur, réunissent la petitesse des traits à la saillie exagérée des contours ; certaines rappellent les modèles d'Albert Durer, d'autres ceux de Philippe Galle. Tout en connaissant les estampes de ces Maîtres, Boissard prenait naturellement ses modèles un peu partout ;

---

[1] Il serait de beaucoup antérieur à cette date, s'il fallait lui attribuer les planches au burin et à l'eau-forte, marquées du monogramme R B qui accompagnent l'ouvrage de Jacques Besson Dauphinois, *Théâtre des instruments mathématiques et méchaniques* ; Lyon, 1578 ; mais ces planches appartiennent à l'École de René Boyvin. Robert Boissard, qui se sert du même monogramme, gravant à Strasbourg en 1597, a un dessin tout différent et une facture plus large.

une de ses estampes, *L'Adoration des bergers, Robert Boissard fecit*, 98. *Petrus de Iode ex.* indique même son séjour à Anvers.

Robert Boissard s'était lié, pendant son séjour en Alsace, avec Jean-Jacques Boissard, de Besançon, antiquaire, poète, dessinateur et protestant réfugié, qui fournit un si grand nombre de sujets d'antiquité, d'emblèmes, de portraits et de costumes aux ateliers de gravure de Théodore de Bry, à Francfort, et il fut avec Granthome un des plus actifs parmi les graveurs qui aidèrent ce Maître et qui lui succédèrent. Il prend alors une gravure plus large, plus éclairée; mais son dessin, malgré ses prétentions à la correction, loin de s'améliorer au contact des modèles antiques ou plutôt des dessins d'après l'antique de Jean-Jacques Boissard, a une maussaderie si bien caractérisée qu'on pourrait, je crois, donner à sa manière l'épithète de Boissardienne. Les planches d'antiquité furent longtemps infectées de l'insignifiance de ces formes; on voit ici Jupiter ou Hercule prendre la physionomie de Boissard le peintre, que Boissard le graveur a représenté si souvent en buste ou en pied, posant, la palette à la main, dans son Cabinet d'antiques. L'Olympe, le Parnasse et toute l'antiquité se trouvèrent ainsi boissardisées. Quelques planches de ces recueils montrent des figures, des costumes traités plus librement à l'eau-forte; elles appartiennent en partie à Robert Boissard, bien qu'il ne les ait pas signées, et elles reposent les yeux fatigués de tant de gravures rébarbatives.

4. Un autre Alsacien était à Rome dans le même temps, mais celui-ci garde toute la sève de son cru. WILLEM BAUER était l'élève de Frédéric Brentel, et son dessin prit à Strasbourg sa plus forte empreinte; il vit pourtant du pays: Venise, Naples; il aima une Romaine; il goûta les gravures de Villamena, déjà devenues classiques; vit les estampes de Mellan, qui travaillait à Rome en même temps que lui, et se fit sa manière. Acceptant, en bon Allemand, la poésie et l'héroïsme italiques, il protesta vivement contre l'ascétisme de certains Maîtres; et comme les Flamands qui faisaient aussi de leurs bambochades une École romaine, il prit franchement son beau dans le laid. Lorsqu'il dessine *Les Métamorphoses*, il conçoit ses sujets par leur côté bizarre: ses dieux posent comme des

goujats dans une mise en scène fantastique ; ses nymphes étalent des formes protubérantes, et il ne fait ses expressions qu'avec de petits yeux dans des faces bouffies ; mais la vivacité de la composition, la variété et l'esprit de la pointe viennent y répandre beaucoup d'agrément. Pour ne pas rendre les Romains responsables de tant de mauvais goût, il faut dire que ces types furent faits à Vienne, où Bauer s'était fixé comme peintre de l'empereur Ferdinand III. Le Maître paraît avec moins d'excentricité et avec tout son esprit, dans ses *Habillements des nations*, publiés à Rome en 1636, aussi piquants pour la physionomie que pour les costumes ; dans ses *Caprices de batailles*, 1635, exécutés avec une composition fougueuse et des effets très-vifs ; enfin, dans ses petites scènes évangéliques ou mythologiques, disposées dans des paysages qui agrandissent merveilleusement la scène.

Mariette, qui trouvait dans les dessins à la gouazze, de Bauer, tout le feu et l'esprit possibles, dit aussi qu'il cherchait à imiter dans ses fonds de paysages la manière d'Elzheimer. Ce Maître était cependant mort à Rome plusieurs années avant que Bauer n'y travaillât, et les estampes de Bauer ne laissent soupçonner aucun rapport de l'un à l'autre.

XVIII.

Les graveurs de Francfort. Wenceslas Hollar.

1. Francfort, résidence des comtes palatins du Rhin, qui furent des princes pacifiques et tolérants au milieu des persécutions qui désolaient l'Allemagne, était devenu un milieu favorable aux artistes, un asile pour les Français et les Flamands que l'intolérance chassait de leur pays. Nous avons vu les graveurs sur bois y publier d'innombrables éditions de leurs œuvres. Le propagateur le plus connu de ces illustrations était Sigismund Feyrabend, habile et docte libraire, dont on a voulu aussi faire un graveur, mais auquel il faut laisser son rôle de marchand d'estampes, en prenant ce rôle dans le sens étendu et honorable où nous l'avons vu rempli à Rome, à Anvers et ailleurs. Feyrabend a montré, dans plus d'une préface de ses livres, combien il aimait les artistes ; mais je n'y ai trouvé aucune

allusion à l'exercice qu'il aurait fait lui-même du crayon ou du burin.
Les graveurs les plus signalés de Francfort furent les de Bry, qui illus-
trèrent de leurs planches au burin des recueils considérables, Grands et
Petits voyages, Emblèmes séculaires, Antiquités, Portraits, devant lesquels
les anciennes illustrations sur bois tombèrent en désuétude.

THÉODORE DE BRY le vieux, Liégeois établi à Francfort, était un artiste de plus de métier que d'invention, dessinant pesamment, gravant avec
sécheresse, qui donna volontiers dans l'ornement et publia beaucoup de
motifs pour l'orfèvrerie, ou, comme il les appelait, des *grotis pour tous arti-
siens;* on en a conclu qu'il était orfèvre. Mariette a consigné aussi qu'il était
ciseleur de coins et très-habile imitateur de médailles antiques. L'œuvre
de de Bry est semblable à la fourmilière qui lui servait de devise; elle
est butinée un peu partout, dans l'œuvre de Sébald Béham, dans celle de
Goltzius et ailleurs. Ses bons portraits sont modelés avec une vigueur
qui rappelle quelquefois Durer; il met plus de personnalité, sinon plus
de talent, dans quelques pièces où sont symbolisés les personnages et
les événements terribles du temps : *Le Duc d'Albe* escorté de tous les
fléaux, *Guillaume de Nassau* relevant la justice et la vérité, *Le Capitaine
de folie, Le Capitaine prudent,* la Charité entourée des œuvres de miséricorde, l'Orgueil encadré de tous les vices qui viennent fondre sur *Le
poure monde.* La composition du placard et le travail de la soucoupe
prennent ici une importance historique qui compense le peu d'originalité
du graveur. Théodore le vieux étant mort en 1598, laissa deux fils, Jean
Théodore et Jean Israël, graveurs, qui l'avaient aidé dans l'exécution de
divers ouvrages et qui continuèrent son atelier avec l'aide de plusieurs
autres élèves venus de France ou d'ailleurs, Robert Boissard, Jacques
Granthome.

JEAN-THÉODORE DE BRY, citoyen de Francfort, ensuite d'Oppenheim,
travailla dans ces deux villes de 1605 à 1613. Il est jugé par Mariette in-
finiment supérieur à son père : on lui trouve, en effet, un goût de dessin
plus pur et plus de finesse dans le burin. On vante à bon droit ses jolies
frises, *Le Triomphe de Jésus-Christ, Le Triomphe de Bacchus,* où les
compositions de Titien et de Jules Romain sont réduites à la taille des
Petits Maîtres; ses *Danses de gentilshommes et de villageois,* où les Petits

12

Maîtres paraissent encore enjolivés et amignonnés. Mais l'invention et l'originalité sont moindres ici que dans l'œuvre du père. Quelque agréable que soit l'exécution de ses estampes, l'artiste garde, en traduisant les divers peintres italiens ou flamands, le défaut d'expression propre aux Petits Maîtres. En atténuant le goût tudesque, il ne se fit pas un goût nouveau ; dans les pièces qui lui appartiennent le mieux, il n'a encore qu'un style analogue à celui des Sadeler.

2. D'autres artistes de Francfort avaient pris cependant l'expédient plus libre et plus pittoresque de l'eau-forte. La manière de Jobst Amman paraît suivie de plus près par MARTIN PLEGINCK, dont Bartsch a décrit vingt-trois pièces de figures ecclésiastiques et militaires, parmi lesquelles on trouve des copies de Jacques de Gheyn.

On donne plus particulièrement pour élève d'Amman, GEORGE KELLER, peintre paysagiste et verrier, qui grava, de 1602 à 1616, diverses pièces à l'eau-forte, des vues de châteaux et de monuments, des scènes historiques et légendaires de la vie des Césars jusqu'à Charles-Quint. Son dessin est plus lent que celui d'Amman, mais il est correct ; sa pointe est grasse et ses paysages sont habilement tracés.

Un calcographe suisse, Fussli, avait remarqué dans les livres illustrés d'eaux-fortes par Keller, des compositions dues à un artiste se servant d'un monogramme formé des lettres PV [1], qu'il nommait Philippe Offenbach, dont Bartsch avait décrit trois pièces sans le connaître.

PHILIPPE OFFENBACH est un peintre de Francfort qui se recommande surtout comme maître d'Elzheimer, et dont il serait intéressant de réunir l'œuvre, qui se porte déjà à six pièces, de 1588 à 1593, sans y comprendre les livres cités par Fussli. *La Vierge couronnée d'étoiles,* planant agenouillée sur le croissant, avec son fils emmailloté dans ses bras, au-dessus d'un paysage à peine indiqué, est une petite composition toute pleine d'un sentiment de peintre et qui tranche par sa facture avec tout ce que nous connaissons des Maîtres allemands. Il m'a semblé voir dans les linéaments encore novices de cette pointe fine, serrée, et qui arrive par

---

[1] N° 320 des monogrammes de Bartsch ; le *Peintre graveur,* tom. IX, pag. 577.

ses bavures à des effets d'estompe, les premiers exemples d'une manière qui se fixera dans d'autres graveurs.

ADAM ELZHEIMER, qu'on nomme aussi Adam de Francfort, fut un de ces artistes qui, en se réfugiant en Italie, y apportèrent autant d'inspiration qu'ils en reçurent. Il vécut misérable à Rome, malgré la célébrité acquise au fini et au clair-obscur de ses petits tableaux ; son influence porta surtout sur les Hollandais qui vinrent à Rome en même temps que lui, de 1620 à 1631, et il eut parmi eux des graveurs célèbres. Les essais qu'il put faire lui-même dans la gravure, quelque restreints qu'ils soient, ne furent pas sans action. *Les Nymphes et les Satyres dansant, La Nymphe et le Satyre assis,* sont deux paysages d'une exécution originale autant que sentie, avec des feuillages épais, une atmosphère transparente, des figures un peu massives et bien accentuées. La manière moelleuse qui y brille, en opposition avec la sécheresse et l'aspect scabreux qui régnaient dans les paysages allemands et flamands, se transmit avec bonheur dans les ouvrages de plus d'un paysagiste, et particulièrement dans la gravure de Hollar.

3. WENCESLAS HOLLAR surgit en Bohême, au début de la guerre de Trente ans, gentilhomme avec le génie d'un graveur, alors qu'il fallait pour la fortune les instincts d'un batailleur ; sa vie errante et malheureuse nous enseigne quelle triste condition l'Allemagne allait désormais faire aux artistes. Chassé de Prague dès sa jeunesse, vers 1630, il alla d'abord dans le Palatinat, à Francfort, à Cologne, à Strasbourg ; puis il gagna l'Angleterre, où il s'établit dans la domesticité du comte d'Arundel et du duc d'York. Compromis dans le parti royaliste, quand vint la révolution, il se réfugia à Anvers ; revenu à Londres quinze ans après, avec la restauration, il y vécut misérablement malgré son titre de sténographe du roi, jusqu'en 1677.

Mariette dit, avec la plupart des biographes, que Hollar apprit la gravure chez Mérian, et donne comme faites vers 1630, *Les Saisons* et *Les Vues de Strasbourg.* Les premiers ouvrages que l'on cite d'ailleurs de lui indiquent ses tendances personnelles de miniaturiste, de paysagiste, de curieux de costumes et de physionomies, et d'eau-fortiste instinctif.

ce sont *La Sainte famille* de 1627, d'après *Joseph Heintz*, peintre alors célèbre à Prague, que Huber déclare une de ses plus mauvaises pièces; des *têtes* et des *bustes* en 1635, d'après les peintres Scréta de Prague et Hulsman de Cologne ; *Le Livret de voyage de toutes sortes de modes*, publié à Cologne en 1636. Il connut dès ce temps deux morceaux de Rembrandt : *Une Femme nue assise* et *Une Femme en buste*, et les reproduisit. Je ne peux dire à quel moment il vit aussi les gueux de Callot et voulut les traduire; aucune sympathie ne pouvait du reste s'établir entre le graveur de Prague et le graveur de Nancy.

A Londres, où il paraît travailler dès 1637, le génie de Holbein le frappe, et il grave de petits sujets bibliques et ces bustes historiques dans lesquels le Maître de Bâle avait dessiné aussi bien la société de Henri VIII que la nature anglaise ; il s'attache aussi à ces croquis de caractères et de charges dessinés par Léonard de Vinci, dont il trouva quelque album dans les collections d'Angleterre ; il mesure enfin sa pointe à Van Dyck, qui venait de mourir à Londres au comble de la gloire. Hollar grava dans le même temps plusieurs compositions italiennes, d'après les tableaux de la collection d'Arundel. De tous les Maîtres auxquels il s'essaya, nul ne parut plus approprié à sa manière qu'Elsheimer. Qu'il s'attache aux tableaux qu'avait rapportés de ce peintre le comte d'Arundel, ou aux gravures de Goudt et de Van de Velde, Hollar excelle, avec sa pointe grenue, à rendre les ombres épaisses, les eaux miroitantes; les figures aux formes molles étaient encore de celles qu'il pouvait le mieux saisir. Mais, soit prédilection, soit besoin, son talent s'exerça surtout dans les habillements et les vues. Tous les curieux connaissent *Les Dames anglaises* de toute condition et de tout habit, *Les Chevaliers de l'ordre de la Jarretière*, et l'interminable cortége des dames de tout pays et de tout état, dessinées selon leur tenue monotone et un peu puritaine, mais gravées avec une délicatesse de pointe incomparable, dans leur futaine la plus propre et leurs plus fines dentelles. Il poussa le travail de la pointe jusqu'à faire des chefs-d'œuvre pour les amateurs, en représentant les manchons de ces dames. Quant à leurs visages, ils sont étudiés aussi avec une finesse extrême, bien qu'ils ne nous laissent voir que des physionomies d'étiquette, c'est-à-dire, sous des titres différents, la cour et la ville de

Charles I⁰ʳ. Il manqua à Hollar d'avoir su mettre toutes ces marion-
nettes en action. Il réussit mieux à peindre les scènes muettes , les
châteaux à la lisière des bois, les eaux tranquilles reflétant les clochers,
les nobles ruines, toute la nature composée du Nord, depuis la Bohême
sa patrie et les pays du Rhin , jusqu'au parc anglais avec ses majestueux
ombrages ; il lui fut donné même , qualité alors bien rare , de rendre
avec goût les monuments du moyen-âge, les délicatesses de l'architecture
et de l'orfévrie gothiques.

Hollar, réfugié à Anvers dès 1645, entra en relation avec Pierre van
Avont, peintre, graveur et marchand, travailla d'après Diepenbecke, l'un
des élèves de Rubens qui fournissait alors le plus de sujets à la gravure,
et agrandit sa manière au contact des Flamands. Il fit dans ce temps ses
pièces les plus importantes : *L'Ecce homo* d'après un tableau du Titien
qui se trouvait à Anvers, et *Le Christ en croix* d'après Van Dyck ; mais
la grande gravure dépassait la portée de sa pointe, qui ne pouvait lutter
contre les vaillants traducteurs de Rubens; il revint à ses goûts de paysages,
grava d'après Breughel, dont la correction était pour lui moins effrayante,
et enrichit ses cahiers de vues hollandaises et de marines. Quand
il put revenir en Angleterre, le graveur, déjà vieux, ne retrouva pas
la fortune qu'il avait vainement poursuivie toute sa vie. L'art qu'il cul-
tivait, trop modeste pour des lords, le laissa à la merci des marchands,
gravant tout ce qu'il est possible de livrer au commerce : des catafal-
ques et des armoiries pour la noblesse, des meutes et du gibier pour
les veneurs, des insectes, des coquilles et des médailles pour les col-
lecteurs, des titres et des plans pour les libraires.

Dans l'œuvre de trois mille pièces que nous venons de parcourir,
Hollar paraît un Maître bien éloigné de l'expression de Rembrandt , du
mouvement de Callot, de l'esprit de La Bella, mais attentif à l'aspect
superficiel de la nature et présentant les objets avec un confort tout
particulier. Dessinateur incomplet, qui n'a ni l'ordonnance des figures
ni l'adresse des membres, il fait des têtes douées de réalité et même
de sentiment, du moins à fleur de peau; son don le plus précieux est
de saisir l'écorce, sa consistance et sa couleur; avec sa pointe il égrène
les plumes et tamise la lumière; aussi, après le paysage, les animaux

et les fourrures, a-t-il merveilleusement réussi à rendre dans leurs fibres les plus délicates et jusque dans le duvet de la peau, les têtes des anglaises. C'est là qu'est son type, à le prendre dans son essence; quand il veut faire une figure historique et religieuse, *Le Christ en croix, La Vierge, La Madeleine*, il l'emprunte à Van Dyck, à Rotenhamer, à Van Avont; mais voulez-vous le connaître lui-même, cherchez tel *Buste de dame anglaise inconnue*, à l'œil humide, à la joue fleurie, avec des traits où se mêlent la matérialité et la finesse, la naïveté allemande et le flegme britannique : tout ce que le pauvre gentilhomme put connaître de la beauté.

ÉCOLES FLAMANDES.

XIX.

Les graveurs de paysages historiés, de paysans et d'animaux.

1. L'École flamande, après le temps de Charles-Quint, éprouve une déchéance qu'explique le malheur des provinces belges, refoulées dans leur essor vers la liberté par le despotisme et le fanatisme espagnols. Pendant les terribles années de la domination de Philippe II, alors que l'armée du prince de Parme promène de Bruxelles à Anvers la dévastation et les massacres, les artistes, comme les publicistes et les poètes, s'expatrient; et parmi ceux qui restent, l'art, régularisé jusqu'à l'excès quant à la main-d'œuvre, se rétrécit et s'atrophie, principalement dans les sujets historiques et religieux. Des peintres eaux-fortistes gardèrent cependant quelque sève dans les sujets familiers et dans les paysages, en les historiant comme avaient fait Breughel et Cock.

Le peintre graveur le plus fécond de cette période est PIERRE VAN DER BORCHT de Bruxelles, qui grava les fêtes à l'entrée du duc de Brabant et de l'archiduc d'Autriche à Bruxelles et à Anvers, en 1595, 1599 et 1602, et qui publia des suites de sujets de la Bible et des métamorphoses, disposés dans des paysages. Le dessin est pesant et rond dans ses figures, qui posent hors d'aplomb ; et la pointe, quoique d'un effet monotone, y a de l'empâtement et du grignotis. Son paysage, découpé et arrangé selon la mode du temps, a de l'animation. Il paraît moins favorablement dans quelques sujets plus grands, comme *Le Jugement dernier*, *La Résurrection* ; mais le côté le plus piquant de son œuvre est dans les sujets de kermesses et de drôleries, qu'il a gravés d'une façon plus pittoresque que Myricinis. *Le Cordonnier maître d'école*, et *L'Aveugle chantant* sont traités à l'eau-forte avec une verve qui manque souvent à ces scènes locales.

La même famille de Bruxelles fournit encore deux graveurs portant le même prénom, HENRI VAN DER BORCHT le père et le fils; mais ceux-ci, expatriés, se réfugièrent dans le Palatinat où ils gravèrent, en 1613, l'entrée de l'électeur palatin Frédéric à Franckenthal. Ils y firent plus tard la connaissance de Hollar, qui grava leurs portraits, et du comte d'Arundel, qui prit à sa suite Van der Borcht le fils, en Italie, puis en Angleterre. Leurs estampes, confondues, ne sont pas faciles à rencontrer ; celles que j'ai vues, d'après des Maîtres d'Italie, principalement d'après le Parmesan, sont faites librement et ne rappellent nullement l'origine flamande des Van der Borcht.

2. HANS BOL, de Malines, peintre de miniatures, ainsi que de tapisseries en détrempe, dont l'usage était alors général dans les appartements de la Flandre, fournit des sujets de paysages, de kermesses et de drôleries à des graveurs que nous avons déjà vus : Cock, Pieter Verheyden [1], Hans Collaert, et à des graveurs nouveaux, Adrien Collaert, Jean Sadeler et d'autres. Il composa lui-même de petits paysages historiés d'une pointe grasse qui ressemble à celle de Van der Borcht, mais qui a plus de gentillesse et d'expression ; il donne aussi plus d'importance à ses figures. Ses scènes rustiques et ses scènes bibliques, traitées toujours avec rusticité, disposées avec esprit dans des pays plus vrais, avec des feuillages plus pittoresques et des ciels plus légers, laissent déjà pressentir les heureux paysagistes qui viendront plus tard à la Flandre. Bol fut chassé de Malines et d'Anvers par les Espagnols; on a pu croire qu'il était allé à Rome, et on lui a attribué une pièce de décoration gravée sous Pie IV : *Monstra della giostra fatta nel theatro del Palazzo*, HB *fecit*, qui est en effet dans le goût flamand ; mais les ouvrages de Hans Bol, qui portent des dates jusqu'en 1589, n'ont

---

[1] Je trouve le nom exact de ce graveur, nommé plus haut Myricinis et analysé dans la seconde partie (page 148), sur une estampe qui n'est décrite nulle part, bien qu'elle soit la meilleure du Maître, et faite d'un burin ferme, coloré et expressif qu'il n'a pas souvent, alors qu'il grave d'après Breughel; *Les Aveugles tombant dans le fossé : Comment le pauvre aveugle enfin se fortifie, qui sur un autre aveugle ignoramment se fie*. Hans Bol inventor, Pieter Verheyden fecit. Joos de Boscher excudebat.

pas d'ailleurs gardé de trace de son séjour en Italie. Il se réfugia plus
sûrement en Hollande, où Goltzius fit son portrait, en 1593, l'année même
de sa mort, l'un des plus brillants qu'il ait faits.

3. MARC GHERAERDTS, de Bruges, peintre qui, au dire de Huber, a
laissé des tableaux estimés dans sa ville natale, est aussi un graveur à
l'eau-forte, estimable pour ceux qui aiment les manières accusées. Son
dessin baroque se ressent d'Hemskerck, et il donne à ses personnages
des attitudes guindées ; sa pointe a un grignotis habile, quoique trop dur.
Il transporta aux animaux la grandiosité affectée des Flamands classiques
de ce temps; (*Warachtighe fabulen*, 1567 ; *Les XXV Fables des animaux*,
Anvers, 1578) grava leur pelage avec beaucoup d'adresse, et leur donna plus
d'expression qu'ils n'en comportent. Heureusement, il les place dans
des paysages plus vrais, plus légèrement touchés, et mêle à ses figures
héroïques des motifs intéressants de couleur locale, qui le rapprochent
des graveurs précédents. Zani, qui qualifie ce peintre graveur des titres
de mathématicien et d'écrivain, et qui le croit le même artiste qui a été
désigné par Vasari parmi les bons miniaturistes flamands, l'appelle aussi
il Maestro alla contadina che piscia; je n'ai rien trouvé dans ses estampes
qui justifie cette dénomination. Marc Gheraerdts publia encore un plan de
Bruges, *Marci Gerardi opera et industria pictoris et sculptoris*, 1562, avec
quelques figures d'ornement négligemment faites mais pittoresques ; et
des suites d'animaux, en 1583, à Anvers ; on le fait mourir en Angleterre
vers 1590. Il fournit encore des motifs d'ornement à Philippe Galle ; et
un des plus spirituels graveurs d'animaux de la Hollande, Marc de Bye,
lui emprunta, en 1684, de nombreux sujets.

4. Il n'entre pas dans mon plan d'analyser les graveurs de paysages,
qui vont prendre tant d'importance dans cette École; mais il n'est point
inutile de marquer ici le point de départ d'un paysagiste, au nom duquel se
rattache une génération d'artistes donnant à la représentation de la nature
champêtre une valeur nouvelle. PAUL BRIL, dont le mérite a été justement
apprécié par Mariette , et qui a eu de nos jours un chaleureux apologiste

et un intéressant historien [1], à le considérer seulement comme graveur paysagiste, fut, comme on voit, précédé par d'autres. Matthieu Bril, son frère aîné, qui l'avait précédé dans ses voyages en Hollande et à Rome, passe aussi pour graveur; mais je n'ai trouvé à son nom que les pièces gravées sur ses dessins ou ses tableaux, par les Hollandais Frisius et Hondius. Lui-même paraît n'avoir gravé qu'au temps où il fut établi à Rome, en 1590. Les ouvrages que je connais, *L'Hermitage, Les Deux voyageurs, Le Troupeau sur la montagne,* sans parler du mérite de la composition, habile quoique trop systématique, dénotent un travail de pointe très-arrêté, qui se préoccupe trop de l'arrangement des hachures, mais qui obtient encore d'excellents effets par des fonds et des coins touchés avec esprit. On n'y aperçoit pas directement d'influence italienne; ils rompent cependant avec la sécheresse des paysagistes hollandais, et contrastent par leurs vives découpures avec les paysages d'Elzheimer. Paul Bril eut beaucoup de graveurs : le plus affidé, GUILLAUME NIEULANT d'Anvers, avait commencé par faire des paysages d'une pointe solide, épargnée, mais d'un effet bien entendu, ils étaient pris dans la nature flamande, et historiés de figures très-flamandes aussi malgré leur titre : *Maria cum Josepho in Ægyptum fugit, Satan Christum in solitudine tentat.* Nieulant revit ensuite Paul Bril à Rome, où il grava des vues de ruines, et les paysages de son maître, dont il donna la pratique la plus facile.

5. Bien que les gueux n'aient pas triomphé en Flandre comme en Hollande, et que les Écoles religieuses et historiques aient prévalu sous la domination espagnole, les sujets drôles n'y pouvaient être refoulés, et les paysagistes historiés continuaient en plus d'une rencontre la tradition de Breughel; au plus beau moment de l'École d'Anvers, ils eurent dans Teniers un interprète que tout le monde connaît.

DAVID TENIERS le vieux passe souvent pour élève de Rubens, ce qui ne peut être s'il n'avait que cinq ans de moins que lui et s'il quitta Anvers au moment où Rubens y revenait, comme on le trouve

---

[1] Michiels; *Histoire de la peinture flamande*, tom. IV, pag. 108. — Ch. Blanc; *Histoire des peintres de toutes les Écoles*, 77ᵉ livr.

admis partout. Quoi qu'il en soit il n'apprit rien de lui. Il n'apprit
pas davantage de l'Italie, où il était allé, et je n'ai pas rencontré d'ouvrage où paraisse la manière d'Elzheimer, qu'il chercha, dit-on, à imiter
à Rome. Il est probable qu'en s'occupant de paysages après Paul
Bril, il y avait apporté avant Pierre de Laar le goût des bambochades.
Son œuvre comme peintre est resté dans l'ombre, tout à fait éclipsé
par la gloire de son fils ; dans la gravure on n'a pas cherché non plus
à le dégager. Au milieu des pièces nombreuses qui portent le nom ou le
monogramme de David Teniers, il est difficile de faire un peu d'ordre et
de préciser quelle fut d'abord la manière de graver de Teniers le vieux.
Le succès populaire de ces estampes les fit se multiplier dans des imitations et des copies qui tinrent lieu des originaux. Coryn Boel, François
van den Wingaerde et Ambroise Teniers qui les gravèrent ou les impri-
mèrent ; en furent les principaux propagateurs ; et comme la réputation
de Teniers le fils avait grandi, dépassé celle du père et porté la peinture des tabagies et des kermesses à un degré de perfection qui les
faisait rechercher à l'égal des meilleurs tableaux, ils laissèrent croire
que beaucoup de ces eaux-fortes venaient également de lui. Il faudrait,
pour les trier, la loupe d'un amateur passionné et sévère. Tout ce que
j'ai pu faire au milieu de ces scènes de cabaret et de cuisine, rustres
en buste, en pied et sous toutes les faces, bourrant leur pipe, humant
leur pot ou râclant leur pochette, rustres en scène et dans toutes leurs
réjouissances, trichant au jeu, caressant leur commère ou paradant dans
les danses de kermesse, c'est de chercher dans leur air une origine.
Je ne trouve les pères des paysans de Teniers que dans les gueux
de Jean Clas Vischer, d'Amsterdam, lesquels ont pour pères les drôles de
Vereyden. Cela n'est pas prouvé officiellement, mais un peu de bâtardise ne
saurait empêcher de constater la filiation et la ressemblance de pareils types.
Leur expression est plus fûtée, leurs guenilles sont beaucoup plus savantes
sans qu'il y paraisse ; le graveur met dans leur facture une finesse et une
variété inconnues à ses prédécesseurs ; il en emprunte les procédés aux
manières dans lesquelles la pointe des Flamands s'est exercée depuis Van
der Borcht. Au moment où nous quittons leur histoire, les eaux-fortes
de paysages et de paysans vont produire des qualités si subtiles et des

variétés si nombreuses, que les amateurs d'Anvers et de Gand se plairont à les recueillir dans leurs portefeuilles, avec une passion non moins vive que celle des horticulteurs pour les variétés de ciclamen et de fuchsia qui fleurissent dans leurs serres.

XX.

Les ateliers d'Anvers. Galle, Wierix, Collaert, Jode.

1. Les deux tendances qui se partageaient l'art à la fin du XVIe siècle : le machinisme et la dévotion, devaient cependant manifester dans les Pays-Bas, restés sous le joug de l'Espagne, des symptômes différents de ceux que nous avons vus en Italie et même en Allemagne. Deux peintres principaux, Martin de Vos et Jean Stradan, firent le mouvement de l'École flamande, en rejetant, à l'aide de nouvelles études italiennes, la manière heurtée et sèche de Hemskerck et de Floris, pour y substituer des compositions plus heureuses, des formes plus arrondies et des expressions plus agréables. La réforme fut servie par des graveurs au burin d'un métier très-habile, profitant de leur côté des progrès amenés par Corneille Cort et les Hollandais; plus attentifs au bel arrangement de leurs tailles qu'à l'effet pittoresque, empreints de qualités petites et vulgaires, mais plus aptes par cela même à produire et à répandre des quantités d'estampes qu'aucune autre École n'avait données.

L'atelier de GALLE, à Anvers, en fut le plus vaste débouché ; sa famille en fournit les plus habiles graveurs. Philippe Galle lui-même, que nous avons vu précédemment graver de la façon la plus sèche les compositions d'Hemskerck et de Blockland, modifie et élargit maintenant sa manière, pour graver Stradan et Zuccarro. Son œuvre, qui tient de deux époques, montre combien le changement fut radical ; le même artiste qui, en 1557 gravait de la façon la plus florisienne une composition de Jules Romain, *Les Niobides*, déploiera en 1574 une méthode sage et un travail élargi, en gravant *Le Christ et deux pèlerins* de P. Brueghel, et *La Cour céleste* de Martin de Vos. Cependant Galle ne s'est point produit comme artiste original ; dans les pièces qu'il a pu inventer, on ne voit qu'un dessinateur exercé, établissant bien les attaches d'une académie, et un graveur raffermi dans les pratiques du burin. Son savoir s'étale dans *Les Demi-dieux marins*, dans *Les Nymphes océanides et naïades*, qu'il offrait en 1587 aux apprentis dessinateurs. Toute la force et tout le soin que son talent comportait, éclatent dans une estampe, *La mort de sainte Anne*, qu'il a imitée de Brueghel : *sic Pietri Brugelii Archetypum Philip. Gallæus imitabatur*. Indépendamment d'une multitude de figures très-solidement agencées, cette composition présente le mobilier le plus cossu qu'on puisse rencontrer d'une maison flamande. Malgré ses velléités italiennes et les dessins que Stradan lui envoyait de Florence, Galle resta toujours fortement imprégné des habitudes de son pays.

2. ADRIEN COLLAERT fut un graveur mieux disposé à travailler selon le nouveau goût ; il était gendre de Philippe Galle, et Mariette l'avait déjà bien distingué de Hans Collaert le vieux, graveur de l'École antérieure, qui lui aussi, dans ses derniers ouvrages, avait subi l'influence des nouveaux Maîtres. Il débute avec Martin de Vos, ayant, pour rendre la peinture vive et léchée, un dessin plus doux, un burin plus poli que celui de Galle ; il prend d'abord pour type les formes en fuseau, les attitudes d'équilibriste et les expressions enjolivées, comme on le voit dans *Les Sens, Ver Veneris*; il acquiert ensuite plus de solidité en travaillant d'après Stradan, et il parvient avec les belles compositions de ce Maître sur *La Découverte du Nouveau Monde*, à donner la plus haute expression de sa manière. Il se répandit dans une multitude d'ouvrages de commerce, entre lesquels dominent les estampes à l'usage de la piété catholique, qui renaissait en Flandre sous la coercition espagnole : jamais plus jolies figures de Vierge et de Saintes n'avaient été données par la gravure au burin. Mariette, en louant le soin infini des nombreuses pièces sorties des mains des deux Collaert, auxquelles il ne reproche que le mauvais goût dû aux Maîtres d'après lesquels ils travaillaient, trouvait qu'Adrien avait cherché à imiter la manière des Sadeler, qui était alors une des plus estimées dans les Pays-Bas. Je ne suis point édifié sur ce point. Les estampes de Collaert n'étant point généralement datées, ne peuvent suppléer à ce qui manque à sa biographie ; on sait seulement par une

inscription tumulaire recueillie par Mariette, qu'il mourut en 1617. *La Mission de saint Pierre* d'après Barrocci, estampe dédiée au prince della Rovere par l'éditeur romain Carenzano, est quelquefois citée comme une copie; il est certain cependant qu'elle est de 1591 et antérieure de trois ans à l'estampe du même sujet faite par Gille Sadeler; on peut en induire seulement qu'Adrien Collaert était alors à Rome. Le graveur fait paraître dans cette estampe une assez grande pureté, traduisant son modèle en petit sans doute et en flamand, mais ne le trahissant pas. Il a connu certainement les estampes que les Sadeler faisaient alors depuis dix ans; mais il était plus vieux qu'eux et se montre différent; il m'a paru se rapprocher davantage des Wierix d'Amsterdam, en gardant dans sa manière plus de force et d'expression. Ses tendances le rapprochèrent encore de la Hollande, quand il grava, en 1586, *L'Annonciation*, d'après Goltzius, composition recherchée où les anges et les archanges exécutent une danse singulière autour du Saint-Esprit, qui plonge vers la Vierge les ailes déployées.

JEAN COLLAERT, fils d'Adrien, et THÉODORE GALLE, fils de Philippe, marquèrent aussi dans le même atelier. Huber dit qu'ils étaient allés à Rome, mais il n'y paraît pas à leurs estampes, qui suivent, en la rapetissant, la manière d'Adrien; l'un se rapprochant davantage de la facture polie de Wierix, l'autre rappelant plutôt la facture sèche de Philippe Galle. Ils font encore d'après les mêmes Maîtres quelques compositions importantes, entre lesquelles on doit citer la suite des *Découvertes nouvelles* d'après Stradan, dont quelques planches : *La Couleur à l'huile, La Gravure en cuivre, L'Imprimerie, L'Astrolabe,* présentent beaucoup d'intérêt. Leur talent se dépensa du reste dans des suites innombrables de pièces pieuses, où il y aurait beaucoup à louer, pour ceux qui aiment les puérilités, la variété de la composition, la propreté du faire et la curiosité des détails.

3. Les Wierix, autre famille bien douée pour la gravure, naquirent à Amsterdam, travaillèrent en Hollande dans leurs débuts et occasionnellement dans la suite de leur carrière, mais ils ne s'y tinrent pas. On peut soupçonner, leur biographie n'étant pas connue, qu'ils étaient plutôt

au parti espagnol que de celui des gueux, à moins qu'ils ne fussent, ce
qui s'est vu, des artistes travaillant pour qui les payait, portraitant également Philippe II et Guillaume d'Orange. Il est certain qu'ils publièrent
la plus grande partie de leurs estampes chez les marchands d'Anvers, et
que leur gravure se trouva, avant celle des Collaert et des Galle, en
harmonie avec l'esthétique des Jésuites.

JEAN et JÉROME WIERIX montrèrent dès l'adolescence, on ne sait dans
quelle École, que la nature les avait improvisés les plus fins des burinistes; ils gravèrent de 1562 à 1566, à l'âge de seize ans, des copies des
plus belles pièces d'Albert Durer et des petites pièces de Sébald Beham,
qui ne se distinguent des originaux que par une froide minutie; aussi
n'allèrent-ils jamais plus loin. Ouvriers achevés dans leur métier, ils
tombent, dès qu'ils se négligent, au-dessous de la médiocrité; et arrivés
à la plus grande perfection manuelle, ils perdent toute personnalité:
perinde ac cadaver. Ainsi il n'y eut pas de développement dans leur
manière et il est difficile de distinguer les ouvrages des deux frères.
Jérôme fut cependant le plus fécond et le plus significatif; ANTOINE,
leur frère puîné, montra peut-être un peu plus de gravité dans son métier,
mais il ne s'écarta pas du sentier tracé.

Les Wierix gravèrent *Le Pater* d'Hemskerck et d'autres compositions
emblématiques des Maîtres flamands, Van Balen, Gode van Hacht,
Ambroise Franck; les uns traduisant les préoccupations religieuses d'une
manière fort embrouillée, les autres exprimant des idées morales sous
des formes impudiques; ils travaillèrent avec Crispin van den Broeck,
mais ils suivirent entre tous Martin de Vos. Lorsqu'ils abordèrent les
Maîtres italiens et qu'ils essayèrent d'élargir leur travail, les types flamands
furent encore devant leurs yeux, excepté dans les copies et les calques,
comme *Le Jugement dernier,* de Martin Rosa; même dans les estampes
qu'ils composèrent, on ne les trouve nullement inventeurs. Avec leur
acquit, ils furent des graveurs de portraits incomparables par leur finesse.
Venus en France vers 1600, ils y firent les portraits de *Henri III,* de
Catherine de Bourbon, de *Henriette de Balzac* et beaucoup d'autres,
d'après des crayons ou des miniatures, et montrèrent que leur burin
pouvait lutter avec les touches les plus délicates du pastel ou du pinceau.

On y trouve un goût différent de celui qu'ils avaient montré dans les portraits des peintres de la basse Allemagne, publiés à Anvers en 1572 avec les vers de Lampsonius, qui ont des têtes d'une accentuation et des mains d'une sécheresse qui rappellent la manière de Suavius.

Les Wierix furent enfin les graveurs les plus déterminés de l'imagerie jésuite. Le catalographe le plus patient se fatiguerait à décrire les Marie, les Jésus, les litanies, les rosaires, les emblèmes animés et fleuris dont la composition s'alambique pour exprimer les subtilités de l'ascétisme. On peut juger de leur goût par l'emblème du Sacré-Cœur, *Cor Jesu amanti sacrum* ; les pères le soutiennent, le diable lui tend des filets, Cupido lui lance une flèche, le petit Jésus y peint de petites images. Ignace de Loyola, sa légende et les principaux fondateurs de l'ordre des Jésuites occupent ici le premier rang, avec l'air de béatitude passionnée qui leur est propre. Il est difficile de préciser l'année où les Wierix en donnèrent le patron; mais ils vinrent avant Corneille Galle; ils étaient même plus âgés qu'Adrien Collaert, et je crois qu'ils apportèrent à Anvers non des types, ces machinistes n'en avaient pas, mais les procédés de gravure léchée qui les consacra. Le portrait réel de Loyola avait dû subir plusieurs transformations depuis sa mort en 1556, jusqu'à sa béatification en 1609. Il s'agit ici d'une physionomie générale, qui dut se faire en même temps que sa légende, et qui devait distinguer entre toutes, les images vénérées auxquelles on donnait la propriété d'éteindre les incendies les plus violents sans en être effleurées ; une taille minutieuse et une expression quintessenciée étaient de rigueur. Si j'en juge par un portrait anonyme de l'espagnol Salmeron, un des compagnons de Loyola, le plus ancien portrait jésuite que j'ai rencontré, ce serait à des graveurs inconnus, plus dévots qu'artistes, qu'on en devrait la première et la plus précieuse indication. Dans les patrons les plus relevés de cette imagerie, les Wierix paraissent emprunter surtout à Martin de Vos ; je ne connais pas de peintre qui ait pu mieux que lui inaugurer les types de Christ doucereux et de Vierges blondes qui dominent en Flandre. Ils ont aussi dans leurs compositions les plus animées, son expression, sa gesticulation, sa musculature minutieuse. Dans leurs petites estampes de piété, tenus par leur métier presque en dehors du mouvement de l'art, froids et figés pour ainsi dire dans leur gravure, ils n'en furent que plus propres à produire les images hiératiques. Aucun graveur n'a su rendre comme eux les vierges byzantines ; l'ivoire et l'émail des reliques ont passé dans leur burin.

Nous verrons le succès que cette manière eut en France ; ici elle fit plusieurs disciples, qui eurent plus de succès dans les oratoires que dans les académies, et qui suivirent plutôt les marchands que les peintres. Ce sont, pour ne citer que les plus connus : CHARLES DE MALLERY, d'Anvers, dessinateur et marchand d'estampes, qui grava beaucoup en France ; CORNELIS MATHEUS, d'Anvers, JACQUES DE WEERDT, JEAN BAPTISTE BARBÉ, d'Anvers, qui travailla en Flandre et en Italie ; JEAN VALDOR, de Liége. Ils servirent le goût public pour les petites estampes au burin et défrayèrent les suites de sainteté, les frontispices et les illustrations des livres pieux ; en suivant avec plus ou moins de fidélité, selon leur talent et surtout selon le prix que l'on mettait à leur travail, les Wierix, les Collaert et les Galle, ils les vulgarisèrent si bien qu'ils purent supplanter partout les tailleurs de bois.

4. CORNEILLE GALLE propagea plus loin cette imagerie dévote et lui donna plus de portée pittoresque. Fils puîné de Philippe, il commença par graver dans la manière petite et sèche de l'atelier d'Anvers ; il fit, avec Adrien Collaërt et Théodore Galle, *La Vie de saint Ignace de Loyola*. C'est la première fois que ce sujet se produit dans l'histoire de la gravure ; il est à remarquer combien il est logique de le rencontrer à Anvers, où s'éleva le premier temple consacré à saint Ignace, et dans l'École des Collaert et des Galle, qui possédaient les qualités les plus conformes à l'esthétique de la Société, le poli dans les formes, la suavité dans l'expression. Ces graveurs ne donnèrent pas le premier portrait de Loyola ; bien des artistes Espagnols et Italiens, sans compter les Wierix, avaient représenté avant eux cette tête aux cheveux ras et à l'œil suave, qui fut ensuite exploitée dans le fonds du marchand Honervogt, et qu'accepta Thomas de Leu ; mais c'est Corneille Galle qui a fait le plus grand portrait de Loyola qui ait été gravé ; c'est lui qui a donné le plus agréable modèle de ce *Christ revêtu de l'habit des Jésuites*, tel qu'il

était apparu à la dévote Marine d'Escovar, et tel qu'il voulait désormais être peint, avec l'approbation de l'Inquisition de Valladolid; il avait pour pendant un modèle de Vierge seule, à l'expression mystique, la tête toute enveloppée du béguin des nonnes. Galle ne s'en tint pas à l'École flamande; il gagna de bonne heure l'Italie; en 1600, à 24 ans, il était à Sienne et y gravait les portraits de *Henri IV* et de *Marie de Médicis*, M D C *Mathei froriny for. Cor. Galle* ' *Senis* :

> *D'Iride finger puote il vario aspetto*
> *Saggio pittor; ma non sua luce mai.*
> *Del volto di* MARIA *gli eccelsi rai,*
> *Vedi hor; ma non il divino alto intelleto.*

Ils sont faits d'un burin délié, déjà tout empreint de la manière de Sienne. Le graveur des Jésuites d'Anvers venait chercher un accroissement à ses goûts propres dans l'École des ascétistes Italiens qui avaient de leur côté servi, comme nous avons vu, la nouvelle esthétique. Il grava alors d'après Vanni, Salimbeni et Villamena, et composa des pièces remarquables, les unes pour leur mérite pittoresque, les autres pour leur composition mystique. *La Légende de sainte Cécile*, d'après Vanni, est une eau-forte légèrement faite et de la plus spirituelle expression; *La Madeleine aux noces de Simon le Pharisien*, d'après Cigoli, est une estampe de premier mérite, où l'adresse et l'amabilité du burin gardent le charme pittoresque d'une vive inspiration ; aussi avait-elle mérité d'être attribuée par Huber à Cigoli lui-même. Elle est bien de Corneille Galle, mais il en a fait trop peu de cette force. Son œuvre, de plus de trois mille pièces, est envahi par la marchandise; il était aussi entraîné par la dévotion fort au-delà du domaine de l'art. Dans une de ses innombrables pièces mystiques qui vaut la peine d'être décrite, *La Vierge assise dans un treillis*, entourée d'une gloire fleurdelisée qui est contenue dans une rose, presse sa mamelle droite, d'où jaillit un ruisseau de lait qui va tomber sur une colombe tenue par un ange, et rejaillit des deux côtés pour arroser deux lis. Les Jésuites, dans l'apologie de leur Société, allaient jusqu'à dire en toute innocence, que la Vierge Marie avait enfanté saint Ignace et l'avait nourri de son lait [1]. Mais je n'ai garde de suivre l'artiste dans la représentation qu'il put donner de l'art jésuite, depuis la petite pièce servant de signet au livre de prières, jusqu'à la gravure de grandeur naturelle, la Madone de toutes les litanies, le Jésus le plus aimable, *Dilectus ille Jesulus, Jesu dulcissime, amantissime, preciosissime*, et *L'Ecce homo* de l'aspect le plus sanguinolent. Tout ce mysticisme pourtant ne l'a pas empêché de représenter de grandes scènes épicuriennes d'après Pierre de Witte, et de faire la prosopographie des sens et des passions d'une façon assez brutale. Comme artiste, Corneille Galle, qui travailla jusqu'en 1640, fit encore à Rubens et à ses élèves des emprunts qui modifièrent sa manière; il grava de son plus beau burin *Judith*, composition vigoureuse de réalité, et *Vénus et les Amours broyant des couleurs à la Peinture.* En donnant à la déesse des formes peu mystiques, l'artiste ne s'est point montré inconséquent, car on sait que l'esthétique des Jésuites admet volontiers le drame, la couleur et la nudité.

5. GÉRARD DE JODE, *Judeus, de Judeis, Judas, le Juif,* était un dessinateur géomètre de Nimègue, qui après avoir servi dans l'armée de Charles-Quint, s'établit marchand d'estampes à Anvers. Il grava de 1568 à 1580, d'une manière plus solide qu'agréable, des suites de pièces religieuses et allégoriques. Sa manière tint d'abord de celle des graveurs d'Hemskerck, refléta ensuite quelque chose de Galle, de Collaert et de Wierix, au-dessous desquels il est resté pour la correction et la fermeté. Son atelier ne prit pas autant d'extension que le précédent.

Son fils, PIERRE DE JODE, déserta de bonne heure la boutique, alla travailler chez Goltzius, puis en Italie, puis en France, et grava d'après des Maîtres fort divers, avec une correction de dessin et une habileté de métier qui ne laissent pas dominer une manière suivie. Graveur un peu pesant d'abord, il acquiert de la légèreté avec Spranger et Adam van Noort, et se montre alors l'élève de Goltzius. Dans les pièces qu'il produisit à Sienne dès l'année 1567 d'après Vanni et Boscoli, il a des qualités plus pittoresques et des expressions plus distinguées; il paraît

---

[1] *Imago primi sœculi Societatis Jesu*; Antuerpiæ, 1640, in-fol., pag. 981.

oublier au contact de cette École les habitudes des marchands d'Anvers. Toutes les fois qu'il ne travailla pas pour le commerce, même dans les estampes de fantaisie et de costume qu'il composa sans sortir, il est vrai, des sujets vulgaires, *L'Enfant et le crâne*, *Le Mondain et le chrétien*, il montre plus de gentillesse que tous les Collaert et tous les Galle. A Paris et dans les estampes qu'il publia chez Bonenfant, on ne voit pas que son burin ait pris beaucoup d'essor ; il paraît occupé surtout à graver des portraits ; *Le Portrait de Pierre de Francaville*, sculpteur et architecte du roi, qu'il grava d'après Bunel, en 1613, est bien modelé mais non exempt de la sécheresse alors requise dans la gravure des portraits. L'estampe en douze feuilles du *Jugement dernier*, de Jean Cousin, dessinée à Paris, n'y trouva pas d'éditeur et fut publiée à Anvers. Le Maître y est traduit avec une pesanteur et une vulgarité qui lui font perdre toute sa fleur de renaissance française ; on y trouve encore à louer, lorsqu'on a sous les yeux une ancienne épreuve, un dessin ferme, un burin adroit ; mais les dons les plus naïfs de Jean Cousin devaient rester pour lui lettre close. Pierre de Jode grava de plus près Rubens, mais il fut surpassé dans la gravure convenable au grand coloriste d'Anvers par son fils, PIERRE DE JODE le jeune, artiste fécond dont les premiers ouvrages ne furent pas distingués de ceux de son père, avec lequel il commença de travailler, mais qui appartient par sa manière à une autre École.

XXI.

Les Sadeler.

1. La carrière de tous les artistes flamands de cette époque se termine par une expatriation et par une oblitération de leur manière provinciale. La famille des Sadeler, qui de Bruxelles se répandit dans toutes les capitales de l'Allemagne et de l'Italie, résume cette tendance et fait aboutir la manière flamande à l'éclectisme.

Parmi les peintres qui se signalèrent après Frans Floris dans la confrérie de Saint-Luc d'Anvers, CRISPIEN VAN DEN BROECK, franc Maître depuis 1555, eut un atelier où travaillèrent Abraham de Bruyn, Pierre Huys, Jérome Wierix, et Jean Sadeler, et qu'illustra encore sa fille Barbara. Il passe lui-même pour avoir gravé en cuivre et en bois; mais je n'ai pas su distinguer ses ouvrages, dont Heinecken a donné la liste, de ceux de ses élèves. De cet atelier sortirent les planches qui décorèrent, en 1583, la Bible des théologiens de Louvain, publiée à Anvers par Chr. Plantin. Elles présentent, avec plus de variété dans la signature que dans le faire, la manière sèche que nous avons déjà fait remarquer aux premiers ouvrages de Wierix, et un style intermédiaire entre Frans Floris et Martin de Vos.

BARBARA VAN DEN BROECK, dont on fait plus particulièrement l'élève de Hans Collaert, grava d'une manière analogue à celle de ce Maître, dont elle ramollit un peu la dureté. Je ne connais pas *Le Jugement dernier*, qu'elle fit d'après le tableau de son père, qu'on voit encore aujourd'hui au musée d'Anvers ; mais dans *Samson et Dalila*, *Vénus et Adonis*, elle montre un burin moelleux et un dessin sage, bien faits pour honorer la première femme que nous trouvons à ranger parmi les maîtres graveurs. Le goût de ses estampes fut sans doute encore tout flamand, pourtant quelque douceur y vint tempérer, avant les graveurs de Martin de Vos, les aspérités de l'École d'Anvers.

ABRAHAM DE BRUYN, d'Anvers, était un dessinateur minutieux et un graveur sec, estimé pour ses portraits et pour ses motifs à l'usage des damasquineurs; on l'a sans raison assimilé aux Wierix. Il travailla d'après Van den Broeck et sur ses propres dessins ; il publia la plupart de ses estampes de 1565 à 1587, d'abord à Anvers chez Hans Liefrinck, ensuite à Cologne où il s'était réfugié. Ses sujets historiques sentent la vieille École de Frans Floris ; dans les sujets de chasses, d'animaux et de costumes, il se rapproche des Petits Maîtres allemands. Cet artiste, qui ne témoigne guère que de l'amoindrissement de la gravure flamande, ne fait nullement soupçonner par sa manière celle de Nicolas de Bruyn son fils, qui après avoir travaillé quelque temps avec lui, passa en Hollande où nous le trouverons.

2. JEAN SADELER, de Bruxelles, fils d'un ouvrier en repoussé sur fer

et sur argent, commença comme on peut croire par pratiquer l'art de son père, et grava vers 1575 à Anvers, d'après Crispien van den Broeck, des scènes bibliques qui le montrent dans ses débuts avec un dessin pauvre de formes, un burin petit, hérissé et pesamment manié. Il s'exerça ensuite d'après Michel Coxcie, Martin de Vos, en raffinant sa manière selon la mode introduite alors à Anvers dans l'atelier de Galle. Vers 1580, il parait avoir gagné le Palatinat et la Bavière, où il produisit des estampes qui attestent dans le maniement du burin un élan et une variété que l'on ne connaissait pas à Anvers. Il s'établit quelque temps en Allemagne, avec le titre de chalcographe du duc Guillaume, et s'attacha aux compositions d'un assez grand nombre de peintres nouveaux : Spranger, de Harlem, Josse Winghen, de Bruxelles, Pieter de Witte, de Bruges, qui tous étaient venus en Allemagne après un séjour de quelques années en Italie. Il s'adressa aussi à des peintres allemands, Jean von Achen, Christophe Schwartz, qui se trouvaient alors à Munich. Mais dans toutes ces œuvres le graveur prouva qu'il était en possession d'une manière qui donnait autant qu'elle recevait ; il faisait de tous ces emprunts un composé particulier qu'on peut déterminer. Sadeler modifia la puérilité des types d'Anvers ; son Christ et sa Vierge, pris encore dans le ton ascétique, sont exempts de niaiserie ; il sut relever et varier ses expressions, bien disposer ses plans et ses effets de lumière. *David jouant de la harpe au milieu d'un chœur d'anges*, d'après P. de Witte ; *La Vierge à l'épine* sur un trône entre les deux Saint Jean et deux thuriféraires, qu'il a composée avec des figures de Ioan von Achen ; *L'Enfant prodigue ; Vinum et mulieres apostare faciunt sapientes*, d'après Josse de Winghen, peuvent être citées comme la plus haute expression de son talent à ce moment. Graveur châtié et aimable, il eut deux dons qui souvent s'excluent, la solidité et la facilité ; il amena la réunion des deux Écoles flamande et allemande, avec un bonheur disparu depuis Durer et Lucas de Leyde. Loin des Maîtres comme inventeur, mais gardant de l'aisance dans la précision de son travail, il traduisit les compositions en vogue sous une forme reçue qui les rendit abordables à tout le monde, et eut tout l'agrément compatible avec la sécheresse des formes et une pratique trop grande.

Jean Sadeler quitta Munich après 1590, il alla à Venise où les ouvrages de Bassano attirèrent son attention et où son burin acquit plus de largeur et plus de ton. Cependant son pli était pris, et son horizon resta borné aux Maîtres de son pays. Il put rencontrer encore à Venise Diétrich, Barent ou Bernard, auquel il emprunta le sujet de belles estampes ; mais dans ses emprunts aux Maîtres italiens les mieux faits pour affranchir sa manière, comme Louis Carrache, dont il a gravé une *Vierge tenant l'enfant Jésus endormi à côté d'un ange*, avec une légèreté susceptible de quelque émancipation, il resta dans les limites de son style facile, mais petit et flamand, malgré sa teinture italienne.

3. RAPHAEL SADELER, frère de Jean, plus jeune de onze ans, se forma d'après lui, le suivit dans ses établissements divers, et lui succéda dans le titre de chalcographe du duc de Bavière. Dessinateur plus timide et graveur de moindre portée, il eut le burin plus délicat et plus serré dans la même pratique ; tel il paraît surtout dans une estampe de sa composition, *La Lutte des anges*, 1583. Malgré quelque accointance de plus avec les Maîtres italiens qu'il vit à Munich et à Venise, il resta également dans la donnée des Maîtres flamands ; et, nonobstant ses excursions dans les compositions hardies de Josse de Winghen, *Les Filles de Loth*, *La Vie de Sardanapale*, qui sont peut-être ses plus belles pièces, il fut accaparé par la dévotion, alors florissante à Munich comme à Anvers. Il grava *L'Immaculée Conception*, inventée par le père capucin Bozzuolo ; les suites de *La Bavière sainte* et de *La Bavière pieuse*, du père jésuite Rader, sans compter les pièces de l'imagerie courante, sur lesquelles il ne faut pas le juger. Ces estampes pieuses, qui sortirent de l'atelier des Sadeler aussi nombreuses que de l'atelier des Collaert, et qui leur faisaient concurrence dans les marchés de l'Allemagne catholique et des Flandres, peuvent être mises la plupart sur le compte de JUSTE SADELER fils de Jean, de JEAN et de RAPHAEL SADELER fils de Raphaël, de MARC SADELER et d'autres enfants, qui n'héritèrent de leur père que la partie la plus mince du métier et durent faire le plus gros des fournitures de la maison, les Maîtres se bornant à donner à l'ouvrage un dernier coup de main. La revue de tant de petites compositions est peu amusante, je ne l'ai pas faite de près ; on trouverait peut-être qu'elles étaient sur des

patrons plus larges et d'une expression moins insignifiante que celles des
graveurs d'Anvers.

Les Sadeler s'élevèrent encore au-dessus de la plupart des burinistes,
par leurs portraits et par leurs paysages. Leurs têtes, étudiées avec plus
d'aisance que n'en mettait Théodore de Bry, sont variées et pleines de vie.
Les vues qu'ils empruntèrent à Hans Bol et à Paul Bril, ou qu'ils imagi-
nèrent pour les fonds de plusieurs compositions, bien qu'empreintes
encore de la sécheresse du temps, sont traitées avec une facilité et un effet
pittoresque que le burin montrait alors bien rarement.

4. Le graveur le plus vanté dans cette famille est GILLES SADELER,
frère puîné de Jean et de Raphaël, appelé le Phénix de l'art, qui mania
en effet le burin avec une dextérité extraordinaire. Plus tôt affranchi de
l'ancienne manière flamande, dessinateur plus capable d'invention et plus
savant, il montra d'abord une largeur inconnue à ses frères ; il se lança
avec toutes sortes de Maîtres : Joan von Achen, Schwartz, Heinz, Raphaël,
Tintoret, Barocci ; il se mesura même avec Durer, et il eût de la prédilection
pour Spranger, de Harlem, dont la manière l'entraîna dans les exercices les
plus périlleux. Son burin se prêta à rendre les effets larges et chauds des
Vénitiens, aussi bien que l'aspect serré et poli des Allemands. Il se
complut aux expressions sentimentales des Siennois, et ne dédaigna point
les fortes tournures des Caracci ; mais le penchant le plus décidé de sa
manière fut vers le peintre avec lequel il se trouva à Prague, partageant
la faveur de l'empereur Rodolphe II. Spranger séduisit toute une École
dans son pays ; il gagna ici un des plus subtils burinistes qu'on eût
encore vus. Dans ce travail varié, Gilles Sadeler n'avait point laissé
perdre sa verve ; mieux que ses frères, il sut montrer encore au-delà
du graveur, un artiste original, puissant. Les estampes qu'il inventa,
parmi lesquelles je ne citerai que *Saint Sébastien délié par les anges* et
La Charité, montrent des compositions où l'artiste a su faire marcher de
front l'expression affectée, la difficulté et l'ampleur.

J'ai dit un mot précédemment des empereurs qui amenèrent la guerre
de Trente ans. Ces monarques, prédestinés aux révolutions par leurs vices
aussi bien que par leurs qualités, ne sont pas toujours défavorables à l'art ;

le distillateur alchimiste et astronome, du nom de Rodolphe II, mort de mélancolie en 1612, et ses successeurs Matthias et Ferdinand II, avec leurs femmes Anne d'Autriche et Éléonore de Gonzague, font une plus belle figure dans l'œuvre de Gilles Sadeler, que dans l'œuvre des graveurs de l'École allemande ; mais toutes les pompes de *La Salle de Prague*, et toutes les allégories du *Triomphe des Arts, des Sciences et des Vertus sur l'Ignorance et la Barbarie*, qui s'y étalent aussi, ne conjureront pas la décadence qui a déjà commencé pour le pays, escortée de la guerre, son plus puissant auxiliaire. Des poètes dont la destinée et le génie présentent avec nos graveurs une conformité frappante, s'y évertueront en vain : Utenhove à Gand, à Cologne et à Paris, avec ses vers latins et grecs sur les événements de son temps ; Baudius à Lille, à Aix-la-Chapelle et à Leyde, avec ses poésies latines échauffées par le sentiment de la liberté, proposant en exemple à l'Europe les héros et les citoyens de son pays. Les beaux jours de la renaissance ont pris fin, et les principes de vie qu'ils portaient tombent en défaillance ; il faudra, pour les ranimer, d'autres conditions et d'autres mobiles.

XXII.

Les graveurs d'Otho Vœnius.

1. L'École flamande s'avança dans une voie plus classique avec OTTO VAN VEEN, *Otho Vœnius*, qui, né à Leyde, venu de bonne heure à Liége, alla ensuite à Rome travailler pendant sept ans chez Federico Zuccharo, revint s'établir à Anvers, où il fut reçu franc maître en 1594, et mourut à Bruxelles en 1634, surintendant des monnaies de l'archiduc Charles, ingénieur du duc de Parme, et peintre en titre de la cour d'Espagne. Je ne puis que rappeler ici le mérite de ce peintre, qui fut à Anvers par rapport à Martin de Vos, comme Carrache à Bologne, un véritable réformateur par la grandeur et la simplicité du style, l'expression du dessin et l'harmonie de la couleur, toutes qualités qui furent éclipsées, plus qu'elles n'auraient mérité de l'être, par les qualités éblouissantes de son élève Rubens. On ne peut plus voir Otho Vœnius qu'à Anvers,

mais il eut quelques graveurs dont la manière sage et élevée mérite aussi
d'être signalée à côté des productions plus connues des marchands qui
exploitent trop souvent, en Flandre, les goûts frivoles ou les goûts dévots
de leur public.

GYSBRECHT VAN VEEN, frère puîné du peintre, peintre lui-même et
graveur de gemmes, a fait de 1588 à 1612 des estampes au burin
estimables. On assimile généralement sa manière à celle de Cort ; il
dut en effet se former à Venise, où il était allé, d'après les estampes de
ce Maître. Un travail lent et le défaut d'invention le retinrent toujours,
mais il fit un chef-d'œuvre en gravant *Le Cortége nuptial de Rébecca*, en
cinq feuilles. Bernardino Passari, que nous avons déjà vu à l'École romaine,
avait dessiné cette composition d'après une ancienne peinture du Siennois
Baldassare Peruzzi ; au contact de ce vieux Maître et de ce dessinateur
romain, le graveur flamand ne pouvait qu'être gagné aux habitudes
calmes ; il n'en fut que plus apte à traduire les figures d'Otto van Veen.
La Sainte famille entre saint François et sainte Catherine nous montre le burin propre des Flamands ramené à des allures plus sérieuses, en
même temps que le dessin revenu à des formes plus ramassées. Le graveur garde de la petitesse dans *Le Mariage de la Vierge;* mais pour voir
combien il servit fidèlement Otho Vœnius, on n'a qu'à comparer ses
estampes avec celles qu'ont faites, d'après le même Maître, Jérôme Wierix
d'un côté, qui le rend sec et semblable à Martin de Vos ; et de l'autre
Tempesta, qui, en reproduisant *L'Histoire des sept enfants de Lara, Les
Guerres des Romains et des Bataves,* le rend exagéré dans sa manière. Le plus
pur style du Maître paraît dans une estampe de Gysbrecht que je ne trouve
pas décrite et qui représente l'histoire de Joconde en trois compartiments, d'après le récit d'Arioste, *Vero esempio d'impudicitia ;* elle
est accompagnée de vers italiens et français, et dédiée *al molto ill. S. il
sign. Gregorio Benedetti patron. suo oss. o. v. D.* Les deux frères payèrent
tribut au goût de leur temps, dans l'estampe allégorique, *Angelus Domini
obstruat massa plumbea os iniquitatis,* dans *Les Emblèmes d'Horace, Les
Emblèmes d'amour divin,* et dans d'autres publications où ils s'asservi-
rent au goût jésuite et au parti espagnol. Ils s'y montrèrent cependant
moins puérils que les Collaert; Gysbrecht se signala de plus par de

bons portraits, entre lesquels on remarque *Jean de Bologne*, 1589, *belgicus statuarius et architectus œtat. LX.;* et *Henri IV*, d'après Caron, en 1600 : *Voicy le preux Henri;* etc.

GEORGE DE VILDEN, graveur à peine connu, fit encore quelques pièces qui le rangent dans la même École. Je connais *Jésus chez Marthe et Marie,* que Zani décrit comme son chef-d'œuvre, et de grands portraits. Ces pièces ne laissent pas le désir d'en chercher d'autres.

EGBERT VAN PANDEREN, peintre, travaillant de 1600 à 1628, se montra plus habile dans la gravure au burin et à la pointe ; il grava trop souvent pour le commerce ; mais dans *L'Adoration des bergers* il égala la facture de Gysbrecht et fit heureusement valoir la grâce naturelle d'une des plus belles compositions d'Otto van Veen.

2. PIERRE PERRET était d'Oudenarde ; il dut venir en France encore jeune. Ses premiers ouvrages, datés de 1579, ont de l'originalité ; ce sont des scènes de la comédie italienne, alors nouvelle, et des farces françaises ; la plus remarquable a pour légende :

> *La farce des Grecx descendue,*
> *Hommes sur tous ingénieux ;*
> *C'est par nostre France rendue*
> *Pour remonstrer jeunes et vieux,* etc.

Elles sont faites au burin avec une finesse et une expression rares dans des ouvrages de ce genre, malgré la lenteur d'une gravure où l'artiste épargne ses travaux et doit montrer surtout de la propreté. *Pantalon et Zani, La Belle et le Mignon,* dont le jeu est expliqué par des vers de la légende, offrent les exemples les plus fins que je connaisse de ces types, que l'on voit déjà paraître dans les pamphlets de la Ligue, et qui sont devenus fameux dans la comédie. Les masques et les costumes y sont pris à la rampe ; il n'y a pas d'artiste qui ait gravé la farce avec un esprit aussi discret. La manière de Perret s'éloigne de celle de Myricinis, sans se rapprocher de celle de Villamena ; ses types ne sont d'ailleurs ni ceux des drôles, ni ceux des *Baronate.* Il faut se tourner du côté de la France, pour lui trouver quelque modèle. C'est plutôt à Delaulne et à Boyvin

qu'il ferait songer , mais il est absolument exempt de l'affectation de
ces Maîtres.

La première de ces estampes est signée *P. Perret fe.* 79, et *Jenet
Inventor*, plus bas *I Honnervogt excu.;* mais l'adresse est superposée
à une autre qu'on ne lit plus. Le nom de Jenet , comme inventeur, avec
les adresses de Leblond ou de Savary et Gaultier , se retrouve sur une autre
estampe représentant *Un Jeu de trois enfants*, qui est faite avec le
même agrément, sauf peut-être un peu plus de sécheresse. Je pense
qu'on peut voir dans ce peintre, François Clouet dit Janet, qui mourut
vers 1574; il peignait toutes sortes de sujets, outre les portraits dans
lesquels il s'est rendu célèbre. Les estampes de Perret seraient les seules
que l'on rencontre d'après ses compositions; elles répondent dans une
certaine mesure, il me semble, à la manière du Maître, telle que l'a
si bien caractérisée M. de Laborde : le modelé plat, la douceur du travail
et l'éclat du ton. Si l'on avait quelque peine à accepter cette attribution ,
à cause de l'irrégularité du nom, je m'appuyerais de l'opinion de
Marolles, le curieux le plus rapproché, sinon le plus intelligent, qui
a nommé Fr. Janet dans son portefeuille des *Comédies, mascarades
et ballets*. Le volume existe encore intact au Cabinet, et l'on y trouve
les estampes de Perret [1]. On ne s'étonnera pas du secours porté ici
par un Belge à l'École française, qui devait déjà à la Flandre Léonard
Thiry; elle en avait déjà tiré les Clouet, et nous verrons bientôt tout
un groupe de graveurs flamands s'implanter en France.

Perret grava encore, en 1579, *La Femme adultère* de Breughel, avec
une distinction qui relève singulièrement l'original ; les têtes sont expressives, les draperies grandes , et la composition entière est d'un bel

---

[1] Pour ne dissimuler aucun des embarras de la question, je dois dire qu'il y a des estampes
signées Joan Gennet ou Jenet, *Le Christ en croix avec la vierge Madeleine et saint Jean*, d'après
Ch. Schwartz; et *La Vierge des Sept douleurs*, d'après A. Bloemaert; Huber, Catal. Winckler,
Écoles des Pays-Bas, 371 et 4505. Je n'ai point eu occasion de vérifier si l'artiste désigné ici
comme graveur, aurait quelque rapport avec l'inventeur des estampes de Perret, ou s'il n'est
pas plutôt un dessinateur graveur et marchand, appelé par Zani le Maître ou genêt d'Espagne,
travaillant en Allemagne en 1628.

effet de couleur avec des moyens très-simples. Il gagna bientôt Rome, s'y lia avec un peintre allemand, Hans Spechart, qui n'est guère plus connu, et grava d'après lui, en 1582, deux estampes qui m'ont paru dépasser d'une coudée celles de Sadeler et de Cort : *La Chasteté de Joseph, Joseph dormi mecum, — non licet tradere dominum meum; La Peinture,* un peintre à son chevalet, ayant pour modèle un guerrier entre plusieurs autres ; le burin en est large, régulier, sans préjudice de l'effet pittoresque, accentué ou adouci avec un vif sentiment de la forme et de la couleur. Nous voyons ensuite Perret graver une suite en six planches, *Historia infantiæ Christi,* 1590 et 1591, et une série de statues imitées de l'antique. Ces pièces, faites d'après un Maître fort peu connu, Hans Wthouck, flamand probablement, laissent paraître une manière plus sèche et plus affectée ; on en pourrait peut-être conclure que le graveur était revenu en Flandre. C'est là sans doute qu'il dédia à l'architecte de l'Escurial, Juan de Herrera, une de ses estampes les plus finies; celle-ci est faite d'après un tableau d'Otho Vœnius, allégorie alambiquée des entraînements de la jeunesse. Vénus fait jaillir un trait de son lait sur un jeune homme couché, Bacchus l'asperge de vin, Minerve cherche à le relever, d'autres divinités interviennent : la gravure en est comparable aux plus jolies pièces de Jean Sadeler. Il grava enfin, d'après Pierre van der Borcht, une estampe de *La Tentation de saint Antoine,* mais ici il paraît un peu appesanti. Telle est la biographie que font à Pierre Perret quelques estampes; elles suffisent à prouver qu'on ne lui a pas fait la célébrité qu'il mériterait. Il serait à désirer que quelques documents écrits vinssent montrer si mes conjectures sur ses relations avec l'École française n'ont point été chimériques.

XXIII.

Les graveurs de Rubens.

1. Un élève des Jésuites de Cologne, humaniste achevé, formé chez Otho Vœnius à la peinture, qui s'exerça pendant huit ans à Venise, à Mantoue, à Rome, à Madrid, à Milan, dans l'étude des plus grands

Maîtres, Titien, Jules Romain, Michel-Ange, L. de Vinci, Maître lui-même, accepté dès le début de son heureuse carrière comme un gentilhomme accompli et comme un génie des mieux doués, Rubens, était revenu à Anvers et y peignait en 1610 la Vierge de Saint-Ildephonse et la Descente de Croix. Le nouveau peintre inaugurait un nouvel art : il avait vu en Italie les systèmes et les procédés se disputer la prééminence pittoresque, le Josepin, le Guide et le Caravage arborer le drapeau de l'idéalisme, de l'éclectisme et du naturalisme ; c'est dans ce dernier sens qu'il abonda, il fit aboutir tout idéal et toute imitation à une représentation riche de formes, haute en couleur, palpitante de fraîcheur et de vie.

Qui ne connaît la beauté de Rubens, cette beauté du diable, cette chair qui saute aux sens et, par son énergie, remue les fibres mieux que ne feraient la vue et le toucher. Le Maître la produisit dans quinze cents compositions. Il en avait même esquissé la théorie écrite, dans un traité latin avec figures dont on ne connaît malheureusement qu'une traduction libre [1] ; le peintre y réduisait les éléments de la figure humaine à trois principes de géométrie : le cube, le cercle et le carré. Le cube est le principe des figures mâles et vigoureuses, et il y a trois degrés de beauté : la plus forte, Hercule Farnèse ; la plus élégante, le Nil du Vatican ; la plus sèche, le gladiateur Borghèse ; il y en a même une quatrième tenant le milieu entre les autres, qui a été trouvée par les artistes dans les principes de leur art, et par laquelle ils ont représenté : dans l'antiquité, Jupiter, le Jupiter du Vatican ; dans les temps modernes, Jésus-Christ, le Christ de la Minerve. La sphère est le principe des corps féminins et gracieux, où le Maître demande, entre beaucoup d'autres traits, un cou long et charnu, le dos creusé d'un sillon, les extrémités prolongées en pyramide, et propose en modèle la Vénus de Médicis. Mais quelles que fussent les théories de Rubens, un type unique le poursuivit, exemple mémorable de préoccupation personnelle. Artiste lettré et savant,

---

[1] *Théorie de la figure humaine*, ouvrage traduit du latin par Pierre Aveline. Paris, Joubert, 1773, in-4° Le manuscrit original, *De figuris humanis*, est cité par Gersaint, Catal. Lorangère, tab., pag. 70.

peignant pour tous les ordres religieux et pour les plus hauts personnages,
homme élégant et beau, ambassadeur vivant dans le faste, admis dans le
commerce des dames de la cour de Marie de Médicis et de celle de l'infante Isabelle, il prit pour modèles un forgeron de Flandre et une
Anversoise chargée de chairs, Isabelle Brant. Ce type, il est vrai, est de
son temps ; il répond par sa force, sa sensualité et sa dévotion, aux néces-
sités actuelles de l'art flamand, et interprété par le génie il prête des
variétés infinies à toutes les passions qu'exprime son œuvre immense :
Théologies des Églises d'Anvers, de Bruxelles et de Malines, Histoires
et Allégories des palais du Luxembourg, de White-Hall et de l'Escurial ;
compositions de toute espèce, où le peintre aime à faire resplendir les
sujets les plus opposés : les scènes de réprouvés et les jardins d'amour,
les immaculées conceptions et les bacchanales ; où il fait se heurter dans
un sublime accord dissonant, le mysticisme et la force, la nudité et les
draperies, une dévotion chaleureuse et un paganisme exubérant.

On sait le rayonnement immense que Rubens donna à sa peinture,
par le nombre des élèves qu'il entretenait autour de lui et qu'il employait
à l'ébauche de ses tableaux. Il prit soin aussi de la répandre par la gravure ; plusieurs de ses élèves pratiquèrent cet art sur ses dessins et sous
sa direction. On apprend, par la correspondance du savant Peiresc, qu'il
obtint en France, vers 1620, un privilége pour la vente de ses estampes ;
en 1635, il s'honore de les avoir répandues dans toute l'Europe. Ces
estampes étaient faites par Lucas Vosterman, Schelte Bolswert et Paul
du Pont. On veut qu'il ait gravé lui-même trois ou quatre eaux-fortes, où
son nom seul, suivi des formules *invenit, fecit* ou *exculit*, peut indiquer
sa main. Il passe aussi pour avoir retouché les planches de ses élèves ;
mais ce travail ne peut s'entendre, comme l'a expliqué Watelet, que de
retouches faites au crayon et au pinceau, sur des épreuves d'essai, après
lesquelles le graveur revenait sur ses planches pour rendre les effets indi-
qués. Nous aurions conservé, au témoignage de Mariette, un exemple
de ces corrections, dans *La Vie de saint Ignace*, en soixante-dix-huit
petites pièces composées à Rome par Rubens, en 1609, et gravées par un
anonyme flamand. L'exemplaire de Mariette, qui est encore aujourd'hui
dans l'œuvre de Rubens, au Cabinet des estampes, porte de légères cor-

rections et des notes manuscrites qu'il croyait, sans hésitation, un travail de ce grand peintre. La composition et la gravure de cette suite ne sortent pas de la manière usitée en Flandre par les artistes jésuites; mais Rubens, à cette époque, n'était pas devenu le Maître que nous font connaître ses graveurs. Si l'on a dit de lui qu'il mêlait du sang à ses couleurs, on peut aussi bien dire de ceux qui surent le traduire, qu'ils ont trempé leur burin à sa palette.

2. SCHELTE ADAM BOLSWERT, frère puîné de Boèce, et venu avec lui à Anvers, paraît dans quelques estampes, qui sont sans doute de ses débuts, travailler avec régularité et douceur dans la donnée des graveurs jésuites d'Anvers; mais bientôt il s'adonna à l'École de Rubens, et grava ses principales compositions. Tout occupé à rendre les effets de ses modèles, il sait exprimer, par des travaux hardis, la santé, la gaîté, la tendresse. Watelet avait remarqué sur l'estampe de *Sainte Cécile*, des glacis jetés aux yeux, aux joues, aux seins, qui lui paraissaient des retouches de la main de Rubens. Nulle part, e.. effet, on ne voit mieux que dans cette figure les nuances de la beauté du Maître, que l'on pourrait dire quelquefois faisandée. Dans *L'Annonciation*, on verra bien encore comment le burin de Bolswert, dans son jeu à la fois moelleux et métallique, a su se colorer des tons les plus chauds, et exprimer la matérialité passionnée de la peinture. Mais c'est peut-être dans l'estampe de *Saint Ignace et saint François-Xavier*, que paraît plus violemment rendu le sentiment d'éjaculation que donna Rubens à ses figures religieuses.

Bolswert, qui ne fut jamais peintre, mais qui était bon dessinateur, ne quitta Rubens que pour graver quelques compositions de ses élèves, Van Dyck, Seghers et Jordaens, avec lesquels il montra bien encore les ressources variées de son burin. La gravure qui fait faire ce pas à la gravure au burin, de sa nature si froide, a dû se réchauffer sans doute au contact des peintres; mais on doit se souvenir qu'il avait été précédé par d'autres écoles qui avaient exploité, d'un côté tous les raffinements du burin, de l'autre toutes ses hardiesses, et qu'il n'eut pour ainsi dire qu'à monter sur leurs épaules.

3. Pierre Soutman était peintre, et vint de Harlem se former à l'École de Rubens; tout en prenant ses habitudes de dessin et ses goûts chaleureux, il garda, comme graveur, des allures qui lui venaient de son pays : il ne peut avoir appris qu'auprès de Van de Velde le pointillé et les ombres portées qui distinguent ses estampes. Une pièce anonyme d'après Elzheimer, *Le Martyre de saint Étienne,* qui a la plus grande analogie avec sa manière, a pu être attribuée par Mariette à Pierre Nolpe. Son travail, visant à l'originalité, paraît forcé à côté de celui des autres graveurs de Rubens; il se sert beaucoup plus qu'eux de l'eau-forte, et il compromet souvent par sa bizarrerie, la grandeur du Maître. Ses plus étonnantes compositions l'ont tenté : *La Chute des réprouvés, L'Ivresse de Silène,* et *La Cène,* que Rubens avait dessinée à Milan sur la fresque de Léonard de Vinci. Un grignotis aussi soigné, appliqué à un aussi fougueux dessin, produit un effet singulier qui ne sera pas approuvé de tous. Les partisans de Rubens, surtout, lui en voudront pour s'être trop substitué au peintre; cependant, on peut trouver qu'il rend quelquefois très-heureusement l'effet de ses esquisses, sinon de ses tableaux. Dans quelques ouvrages où la force de Rubens ne le soutenait pas, il a montré encore son talent et sa bizarrerie. Il lui a toujours manqué, pour être un grand artiste, l'invention; mais comme graveur il a eu ses élèves : Van Sompel, d'Anvers; Suyderhoef, de Leyde, Jean Louys et d'autres, lui formèrent comme une École, en gravant dans la manière pointillée Rubens et Van Dyck aussi bien que Rembrandt, et en confondant ainsi, par ce qu'on a appelé le perfectionnement de la gravure, les Écoles et les types les plus différents.

4. Lucas Vosterman, d'Anvers, devint graveur et coloriste dans l'atelier de Rubens. Son burin, plus savant et moins vif que celui de Bolswert, arrive par la distinction du travail à l'effet pittoresque. On l'a loué comme un des premiers graveurs qui aient réussi à rendre la variété des objets et des étoffes. *La Sainte famille,* composition de six figures y compris l'agneau, m'a paru la plus haute expression de ce burin, luttant d'expression et de couleur avec ses modèles. *Le Combat des Amazones* le montre dans toute son abondance, *Suzanne et les vieillards* dans toute

sa tendresse; *L'Adoration des Rois, La Chute des Anges rebelles* et *La Descente de croix*, pièces capitales et plus finies, portent trop loin la perfection du burin pour plaire autant à qui recherche des types. On verra avec plus de curiosité *Les Saintes Marie au sépulchre*, dédiées par le graveur aux nobles matrones dames Marie Nérot et Madeleine Schotte, Anversoises placides et replètes, qui ont sans doute servi de modèle aux artistes.

Vosterman ne s'en tint pas à Rubens; il alla en Angleterre vers 1624, y resta huit ans, et fit beaucoup de portraits pour la cour et les seigneurs, *La Madeleine* d'après la comtesse d'Arundel, et plusieurs tableaux italiens de la collection de Charles Ier. En traduisant Raphaël, Annibal Carrache et Caravage, sans s'astreindre à une fidélité impossible, Vosterman oublie quelque peu les habitudes de l'atelier de Rubens; tout en amollissant et colorant ses nouveaux modèles, il perd sans dommage les mouvements sphériques qui donnaient trop de convexité à ses formes. Caravage surtout paraît sous un vêtement très-flatteur, malgré ses couleurs sombres, dans *La Vierge adorée par des dominicains*. Il fut ensuite attiré par Van Dyck. Le peintre de Charles Ier l'avait initié particulièrement à la manière hardie autant que délicate avec laquelle il traitait les portraits et avait fait, en le dessinant lui-même, une de ses plus belles eaux-fortes. L'on a même dit qu'il avait travaillé avec lui à plusieurs planches. Il est certain du moins que Vosterman termina plusieurs portraits à l'eau-forte de Van Dyck; du reste, il se montra dans ces ouvrages, graveur expressif et varié, depuis la façon claire de Bloemaert jusqu'au travail sombre qui confine à la manière noire.

5. Paul du Pont, *Pontius*, un peu plus jeune que Vosterman, profita encore des conseils de Rubens et fut un de ses graveurs affidés. Il a été vanté pour la précision de son dessin et l'harmonie de ses lumières. Dans les pièces capitales du Maître qu'il a gravées, on trouve rendus avec une netteté et une douceur particulière les mouvements les plus risqués et les couleurs les plus crues; comme Vosterman, il ne s'éloigna de Rubens que pour graver quelques-uns de ses élèves, et particulièrement Van Dyck, d'après lequel il fit beaucoup de portraits. Il fut choisi pour

graver les principes de dessin d'un atelier qui devint bientôt classique. Le dessinateur y suit la théorie du Maître sur le cercle et le cube, et nous donne dans tous ses détails anatomiques la ligne rubénique, la seule qu'il ait apprise dans les modèles qui ont pu passer sous ses yeux.

6. Le type de Rubens avait eu le tribut des eaux-fortes des Hollandais, il lui manquait le tribut des graveurs sur bois : CHRISTOFEL JEGHER le lui apporta d'Allemagne. Il vint s'établir à Anvers vers 1620, et travailla ses bois et ses clairs-obscurs sous la direction de Rubens lui-même. Les ressources d'effet et les grossissements de touche que ce genre comporte, se prêtaient parfaitement à la manière du Maître ; en traduisant ses compositions il semble en effet que le bois s'amollit et se colore plus qu'il n'avait fait ailleurs. *L'Assomption de la Vierge*, citée par Papillon comme un chef-d'œuvre ; *La Tentation du Christ*, dont on a des épreuves en bois et d'autres en clair-obscur ; *Silène et les bacchantes*, auront toujours la valeur de dessins tracés sur le bois par le Maître lui-même, qui en a marqué les planches de son *excudit* et qui les vendait dans son atelier, comme on peut le supposer. Toutes ces planches ne s'adressaient pas aux mêmes goûts ; il y en a qui représentent des scènes galantes et musicales, où la grossièreté d'exécution parait plus choquante ; mais d'autres, comme *Hercule et Cacus, La Tête barbue,* en camaïeu jaune, devaient être placardées dans les ateliers pour capter l'œil et servir de guidon à tous les élèves.

HANS WITHDOECK, d'Anvers, est encore cité comme ayant profité des conseils de Rubens. On l'a loué plus pour l'effet général de ses estampes, qui traduisent très-habilement la peinture du Maître, que pour sa correction. Il introduisait quelquefois dans ses planches terminées, des retouches ayant pour effet d'éclairer certaines parties et d'en assombrir d'autres, et même des teintes colorées qui en font des clairs-obscurs sur cuivre. Basan a noté avec soin ces variantes de gravure ; on voit au Cabinet de Paris, l'estampe de *Melchisedech*, de 1638, avec des reflets roses. Ces états, dont les changements passent pour avoir été faits sur les indications de Rubens, jouissent d'une grande réputation. Ils font connaître à fond les procédés d'une École qui épuisa, dans la gravure comme dans la peinture, les artifices du coloris.

XXIV.

Van Dyck et les eaux-fortistes.

1. VAN DYCK eut d'abord les mêmes graveurs que Rubens; mais comme il montra d'assez grandes variations dans sa manière et sut par son génie se former un style plus idéal et plus aristocratique, on ne voit pas qu'il ait eu aucun graveur affidé. Mariette a indiqué dans une bonne notice, les principales estampes qu'il inspira. Après Pontius et Vosterman, qui surent admirablement le traduire et dont les portraits ornent sa galerie d'eaux-fortes, et après les autres graveurs que j'ai nommés, PIERRE DE BALLIU, qui avait été en Italie, réussit bien à rendre la sensibilité de ses expressions et la chaleur de ses tons; mais Van Dyck a laissé une trace plus vive de sa manière dans quelques esquisses : *La Sainte famille, Le Christ couronné d'épines, Titien et sa maîtresse*. Plusieurs autres pièces lui sont attribuées, mais sans certitude. On voit dans celles-ci, bien qu'elles ne soient que des ébauches à l'eau-forte quelque peu retouchées au burin, la sublimité d'expression qu'il a poursuivie, en la rehaussant de brillants effets d'ombre. Qui ne connaît les dix-huit portraits qu'il voulut faire des artistes et des amateurs avec lesquels il avait été lié? Ces esquisses ont, dans la promptitude de leur exécution, une fierté et une délicatesse qui charment, prises au plus vif du génie du peintre qui sut le mieux idéaliser la peinture de portrait. Elles servirent de thème à tous les portraits qui furent faits ensuite sur les originaux, par Vosterman, Pontius, etc., et publiés en recueils par Hendrix et Van den Enden; malheureusement, il n'y a pas dans la suite originale, le portrait des femmes avec lesquelles le Maître fut en relation et qui auraient pu servir d'indice à l'idéal qu'il se forma : ni Anna van Ophen qui le captiva à Anvers avant le voyage d'Italie et dont il fit une Vierge pour l'église de Saventhem, ni lady Venetia Digby qui servit de modèle à son plus beau tableau de Londres, ni Marguerite Lemon la courtisane,

Ces beautés nous sont connues , il est vrai , par des estampes contempo-
raines ; *Les Comtesses de Van Dyck*, comme on les appelle dans le
commerce, furent reproduites par plusieurs graveurs, mais ils sont
trop éloignés du Maître, et les burins de Bolswert, de Hollar, de P. Lom-
bard, mêlent à son type beaucoup d'artifices étrangers.

Un peintre de Malines, dont le musée d'Anvers a gardé quelque chose,
Luc Franchoys, a signé quelques eaux-fortes à peine remarquées dans les
catalogues les plus nombreux et que Mariette avait cependant dénichées :
L'Adoration des bergers (catal. Rigal, pag. 487), *Saint Jérôme* (catal.
Brandes, lig. 279; Paignon-Disjonval, 3414), donnent un trait pittoresque et vif de la manière de Van Dyck. Mariette attribue en outre à
Franchoys, *Les Anges pleurant sur le corps mort du Christ*, eau-forte
d'un tableau gravé par Vosterman et Bolswert, ici croqué et non sans
mérite.

2. Sans poursuivre la trace des graveurs de Rubens et de ses élèves,
qui se répandirent en tout pays et me conduiraient trop avant dans le XVII°
siècle, on peut s'arrêter un moment sur un groupe d'artistes qui appliqua
sa manière à l'eau-forte, avec un laisser aller et une liberté que n'avaient
point eus les burinistes.

Guillelm Panneels, d'Anvers, qui se pare fièrement du titre d'ancien
disciple de l'excellent peintre P.-P. Rubens, n'était peut-être pas toujours
avoué par son Maître, dont il charge, dans ses petites pièces, les formes
épaisses et les effets lumineux. La plupart furent faites à Francfort, de
1630 à 1638, et destinées à piquer le goût étranger. D'ailleurs, la pointe
y a les mouvements ramassés et moelleux, et la vivacité d'effet qui
convenaient aux sujets agréables que le dessinateur choisit ou imite : *Jupiter et Antiope, La Vieille allumeuse épiée par la mort*, etc. Quelques-unes
de ces pièces ne m'ont point paru sans analogie avec les ouvrages de
Brebiette, qui a pu les voir et s'en amouracher.

François van den Wyngaerde, marchand d'estampes à Anvers, qui
imprima les pièces de Panneels, était lui-même dessinateur et graveur à
l'eau-forte ; il traduisit librement Rubens, Van Dyck, Téniers, et même
Callot, et chercha à rendre l'entrain ragoûtant et les effets piquants d'une

composition, plutôt que son exactitude; mais il fut aussi dessinateur expressif. *Le Retour d'Égypte*, d'après Jean Thomas, et *Le Sommeil de Silène*, peuvent être mis à côté des plus franches estampes de l'École. Wyngaerde a mis le nom de Callot comme inventeur de quelques-unes de ses estampes : *Le Concert*, *Les Deux femmes et le poupon*, qui figurent ainsi quelquefois à l'œuvre du Maître lorrain; mais il ne l'a pris sans doute que pour l'étiquette. Ces compositions sont restées flamandes, autant par le dessin que par le travail de gravure.

JEAN THOMAS, d'Ypres, autre élève de Rubens, qui fut employé par l'évêque de Metz et devint plus tard peintre de l'empereur Léopold, a fourni quelques sujets d'estampes à Pierre Baillu, à F. van den Wyngaerde. Il a gravé lui-même d'une pointe hardie des sujets de mythologie familière, qui montrent un rayonnement plus piquant des eaux-fortes de l'École, et aussi une accointance avec la pastorale française, telle que la figurait Brebiette. On en peut juger par l'estampe la plus curieuse que je connaisse de lui, *Phillis et Amarille*, accompagnée d'une légende trop légère pour qu'elle ait pu venir d'Anvers :

> *Ne pense pas à mal, toy qui voys ce berger*
> *La cotte de Phillis si hardiment toucher;*
> *Ce n'est que pour scavoir si elle davanture*
> *Ainsy quil est besoin garnie de doublure;*
> *Et de peur que Tyrcis ne fasse tout autant,*
> *La cotte d'Amarill se lève par le vent.*

Si l'on ne veut pas supposer qu'elle a été faite à Metz, on peut conjecturer que Jean Thomas était aussi venu à Paris; on trouve quelquefois ses estampes confondues avec celles de Brebiette.

CORNELIS SCHUT, d'Anvers, fut un des élèves de Rubens et voulut être son rival; employé aux peintures des églises d'Anvers, il se fit connaître surtout par ses grisailles, et il fournit plusieurs sujets à Withdoeck et à Hollar. Le recueil assez considérable d'eaux-fortes qu'il a laissé, *Picturæ ludentis deliciæ*, composé de beaucoup de madones et de quelques sujets mythologiques, offre de l'agrément dans les têtes, un travail de pointe empâté, un dessin mou et des effets monotones. Il dut réussir, sans avoir les allures capricieuses de Rembrandt, en faisant réaction à la propreté bien connue des artistes d'Anvers.

ROMBOUT EYNHOUETS, qui grava souvent Schut, mania la pointe avec plus de fermeté de trait; mais il n'en constate pas moins, comme lui, l'impuissance d'une manière opposée à celle des brillants graveurs de Rubens, et l'appauvrissemement rapide d'une École sans idéal et sans distinction, qui ne pouvait être soutenue que par une grande supériorité d'exécution.

3. THÉODOR VAN THULDEN avait suivi Rubens dans le voyage qu'il fit à Paris en 1620 ; il avait travaillé aux peintures du Luxembourg, et il fut appelé encore à peindre une chapelle de l'église des Mathurins. C'est à Paris qu'il exécuta, en 1633, plusieurs suites d'eaux-fortes, et leur style s'en ressentit. A la force et à l'amplitude de l'École où il s'était formé, il ajouta un prolongement de formes et une expression provoquante qui ne viennent nullement d'Anvers, et qui étaient faites pour avoir du succès à Paris. Cette manière paraît dans *La Sainte famille à la colombe*, *La Révélation et la vie de l'ordre de la Trinité pour la rédemption des captifs*, et *La Parabole de l'enfant prodigue*. Fut-elle due aux liaisons qu'il forma à Paris ? On ne sait; mais il ne paraît pas y avoir étudié d'autre peintre que Primatice. *Les Travaux d'Ulysse*, qui furent dédiés par le graveur à M. de Liancourt, et publiés en 1633 par Tavernier, montrent combien il fut impressionné par les puissantes peintures de Fontainebleau. L'élève de Rubens peut y être reconnu encore au ramollissement des formes; mais la tournure ressentie et l'expression héroïque de Primatrice s'y font sentir aussi, et il y a de plus l'accentuation particulière à l'École française du XVIIe siècle. L'idiome modifié demande une traduction nouvelle : Van Thulden traduit, pour la cour de Louis XIII, le peintre que Thiry avait traduit pour la cour de Henri II.

La pointe de Van Thulden, dans toutes ces eaux-fortes, fait paraître son originalité ; elle est vive, autant que bien empâtée dans son système de hachures et de points; le graveur avance quelquefois ses travaux sans s'alourdir, et alors se fait bien connaître comme coloriste; mais il épargne aussi souvent ses traits, sans perdre l'effet et l'expression.

Un tel artiste a dû avoir plus d'influence sur l'École française, qu'on ne l'a dit; Simon Guillain, après Brébiette, me semble lui avoir fait des emprunts.

Van Thulden revint à Anvers, et grava en 1635, sur les dessins de Rubens, les arcs de triomphe de l'entrée du cardinal infant Ferdinand. Ces grandes pièces ne nous donnent que le mécanisme de Rubens; le graveur, nonobstant son habile pratique, y paraît avec moins d'avantage que dans les estampes où son goût particulier le conduisait. On y voit étalé le fracas allégorique et architectural, qui réglémenta longtemps l'art flamand dans les scènes historiques, en contraste parfait avec le naturel que cet art déploya dans les scènes de genre.

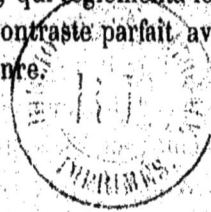

Extrait des Mémoires de l'Académie des Sciences et Lettres de Montpellier, section des Lettres.